AF603980

MI NIETZSCHE

RPI Inscripción N° 187.190

ARGENTINA
Ediciones Granica S.A.
Lavalle 1634 3° G / C1048AAN Buenos Aires, Argentina
granica.ar@granicaeditor.com
atencionaempresas@granicaeditor.com
Tel.: +54 (11) 4374-1456 - 1158549690
MÉXICO
Ediciones Granica México S.A. de C.V.
Calle Industria N° 82 - Colonia Nextengo - Delegación Azcapotzalco
Ciudad de México - C.P. 02070 México
granica.mx@granicaeditor.com
Tel.: +52 (55) 5360-1010 - 5537315932
URUGUAY
granica.uy@granicaeditor.com
Tel.: +59 (82) 413-6195 - Fax: +59 (82) 413-3042
CHILE
Edita y distribuye J C SÁEZ EDITOR
jcsaezeditor@gmail.com - Tel.: +56 2 33462281
ESPAÑA
granica.es@granicaeditor.com
Tel.: +34 (93) 635 4120

www.granicaeditor.com

ISBN 978-987-8935-56-0

Hecho el depósito que marca la ley 11.723

Impreso en Argentina. *Printed in Argentina*

Echeverría, Rafael
Mi Nietzsche / Rafael Echeverría. - 1ª ed. - Ciudad Autónoma de Buenos Aires: Granica, 2023.

234 p.; 21 x 14 cm.
ISBN 978-987-8935-56-0

1. Filosofía Moderna. I. Título.
CDD 199.83

RAFAEL ECHEVERRIA

MI NIETZSCHE

La filosofía del devenir y el emprendimiento

GRANICA

A mi nieto Nicolás

Índice

Prefacio

Suelen preguntarme cuál es mi lector o a quién le escribo cuando escribo; cuál es el perfil de la persona que me imagino al frente mientras escribo. Es interesante esa pregunta, pues la respuesta no es algo que siempre tenga claro. Al menos en mi caso, constato que puedo ofrecer distintas respuestas. En este momento, se me ocurren tres respuestas diferentes y no descarto que posteriormente pueda descubrir otras más.

Yo pienso que le escribo al ser humano común, a los hombres y mujeres de la calle. Ello implica al menos dos cosas. Primero, que espero que mis libros puedan ser comprendidos por cualquiera que sepa leer. Muchas veces digo incluso que le escribo al diariero de la esquina. Algunos amigos se ríen de eso y me señalan que el diariero no me va a entender. Es posible. Pero yo esperaría que sí me entienda. Me importa que así sea, es una opción que no me es indiferente. Ello me conduce a un segundo matiz: mis libros no han sido elaborados con la vista puesta principalmente en el mundo académico.

Una dimensión relevante del desafío que asumo es rescatar la filosofía desde el secuestro del que ha sido objeto por el mundo académico, para así volver a colocarla en donde ella nació: en la calle, en la plaza, en el mercado. En otras palabras, en los espacios sociales que ocupamos todos los seres humanos. En la época de los orígenes de la filosofía en Grecia, la filosofía era una actividad a la que accedían todos los ciudadanos. La filosofía se sabía tributaria de las inquietudes del conjunto de los seres humanos y buscaba desplegar su capacidad reflexiva sin romper con ellos, sino más bien involucrándolos.

Fueron los filósofos metafísicos los primeros que sustrajeron la filosofía de la calle y la raptaron al interior de espacios amurallados, adonde no todos podían acceder. Platón fundó de ese modo su academia y luego Aristóteles hizo algo equivalente con su liceo. En la puerta de la academia platónica había un gran aviso que prohibía la entrada a quienes no sabían matemáticas. Se dice que Platón habría tomado de los pitagóricos esa idea de aislarse, luego de sus viajes al sur de Italia con posterioridad a la muerte de Sócrates.

En efecto, los pitagóricos se habían separado del resto de sus conciudadanos y habían fundado comunidades cerradas al interior de las cuales desarrollaban sus distintas prácticas reflexivas y espirituales. Los pitagóricos fueron filósofos sectarios. Se habían comprometido a no revelar el secreto de algunas de sus conclusiones y a no dar a conocer quién de ellos las había alcanzado. De allí que se impusiera la costumbre de referirlas todas al creador de la escuela, el propio Pitágoras. Ello hace que hoy le atribuyamos a Pitágoras muchos descubrimientos que muy posiblemente pertenecieron a otros miembros de su escuela.

Optar por no dirigir mis escritos al mundo académico no implica concesión alguna en cuanto al rigor reflexivo. Ello se traduce en que cualquiera, sea éste académico o no, si demuestra que he faltado al rigor en lo que planteo, invalida mis conclusiones. Significa, por lo tanto, que de ninguna forma me estoy blindando contra las críticas que puedan provenir del mundo académico y que éstas me serán tan válidas como cualquier otra. No estoy eludiendo entrar al mundo académico, por el contrario, espero penetrarlo e influir en él. Sólo quiero no verme restringido por una carta de ciudadanía que sólo es válida para un grupo de selectos ilustrados o para una suerte de aristocracia del pensamiento.

Esta decisión no es trivial. Mi pensamiento procura subvertir nuestro sentido común tradicional y ofrecer nuevas coordenadas que sirvan al conjunto de los seres humanos para orientar sus vidas y articular sus relaciones con los demás. No busco ni me contento con reconocimientos académicos; busco transformar la manera en que conducimos nuestras vidas y procuro llegar con mi palabra a todos los rincones en los que habite un ser humano.

Tengo el convencimiento de que, por regla general, no sabemos vivir bien. Somos profundamente ignorantes en «el arte del buen vivir», aquello que Sócrates en su momento convirtió en su vocación. Quizás nunca lo sabremos del todo. Y quizás cierta dosis de ignorancia en relación a él sea parte de los desafíos que nos plantea nuestra vida. Con todo, considero que hay mucho sufrimiento innecesario que podemos disolver, sufrimiento que responde no sólo a condiciones inevitables de nuestra existencia, sino a cegueras, a ignorancias, a la circunstancia de haber hecho determinadas elecciones, de haber seguido caminos en los que terminamos por confundirnos y perdernos. De allí mi gran afinidad con el pensamiento de Friedrich Nietzsche, pues éste es precisamente su mensaje.

Lo anterior impone también importantes desafíos. Rescatar la filosofía del mundo exclusivo y excluyente de los académicos para volverla a la plaza tiene visos de una tarea prometeica. Sólo espero no ser castigado como lo fuera aquel atrevido dios y evitar que las aves de rapiña nos devoren diariamente el hígado y las entrañas como a él le aconteciera. Por desgracia, ésa fue la suerte del propio Nietzsche. Pero los tiempos han cambiado y apuesto por una mejor fortuna. La imagen de esas aves de rapiña hoy no la vemos sólo asociada al castigo que entonces se le impuso al mensajero. Son los propios hombres y mujeres comunes los que actualmente se sienten encadenados como lo estuviera Prometeo y que perciben cómo las condiciones de su existencia son cotidianamente devoradas por su propia incapacidad de ofrecerles a sus vidas el sentido necesario que requieren para alimentarse.

El principal desafío de esta tarea es un desafío de lenguaje. Para llegar a la plaza hay que aprender a expresarse de una manera que lo posibilite. Es en el lenguaje en donde se produce la barrera, la segmentación entre el mundo académico y la calle. Para entrar al mundo académico hoy en día suele ser necesario aprender un determinado lenguaje que permita acceder a los textos que allí se producen, lengua que también se debe utilizar para generar los textos que se busca introducir en él. Estas diferencias de lenguaje que separan el mundo académico del mundo de la plaza no siempre son necesarias. El desarrollo de las ciencias requiere de la introducción de distinciones que no son aquellas que se usan en la plaza y ello inevitablemente crea una brecha entre ambos mundos. El desarrollo de la filosofía misma no se sustrae del todo de esa exigencia y cualquier intento de colocar en lenguaje de calle algunas de sus temáticas no hace más que degradarlas y vulgarizarlas. Estoy consciente de esta dificultad.

Sin embargo, no todo lo que la filosofía encierra en lenguaje hermético merece quedar en él. Hay muchas cosas que pueden expresarse de manera distinta, sin que ellas pierdan el necesario rigor. En muchos casos, los filósofos parecieran disfrutar de una tendencia a ocultarse que creo innecesaria. Otras veces ellos mismos están presos de un lenguaje académico que los atrapa y los mantiene separados de los demás. Y, aunque muchas veces no podremos dejar de usar términos que son desconocidos en la plaza, podremos al menos procurar introducirlos de manera que quienes no los conocen accedan a ellos y los comprendan.

La diferencia de lenguaje no reside, por lo tanto, sólo en las palabras que uso o dejo de usar, sino también en la manera en que busco llegar a ellas; reside en la forma de la argumentación, en los esfuerzos para ilustrar ciertas ideas, en algunas repeticiones que en ocasiones considero necesarias para ir introduciendo en el lector ciertos argumentos. Muchas veces hay que explicar el contexto dentro del cual una determinada argumentación se desarrolla y no suponer que el lector está familiarizado con los antecedentes que la acompañan.

Finalmente, ¿logré mi objetivo? Ésa es mi apuesta. La última palabra la tiene el propio lector. De mi parte, dispongo de algunas constataciones de que sí es posible llevar ciertas reflexiones filosóficas a lugares en los que éstas eran prácticamente desconocidas.

He dicho que en un primer acercamiento mis lectores son hombres y mujeres de la calle, hombres y mujeres de la plaza. Hay, sin embargo, dentro de ellos, un sector al que con más fuerza que con ningún otro quisiera llegar. Me refiero a los jóvenes. Tengo la impresión de que la crisis de existencia a la que recurrentemente aludo los golpea con más intensidad y genera en ellos una sensibilidad mayor para encontrar una salida. Creo en la osadía y en la inmensa voluntad de aprendizaje de los jóvenes. Cuando yo era joven experimenté esa enorme sed de levantar preguntas y responder a ellas.

Si mi planteamiento es válido, si mis interpretaciones tienen algún sentido, creo que deben ser precisamente los jóvenes los primeros que se vean interpretados por lo que sostengo. Si ello no fuera así, me temo que entonces estaría profundamente equivocado. Que soy la expresión de una época que está cediendo su lugar a otra, cuyos signos han estado fuera de mi alcance. De eso estoy muy consciente y sólo me cabe aceptar el veredicto que sólo el tiempo podrá dictar.

Debo confesar, por último, que hay un tercer lector. Uno que quizás ha sido el más importante. Me refiero a mí mismo. Todo autor se escribe a sí mismo. Ello no es una novedad. Uno se escribe y uno se lee y lo que resulta proviene del lector que fuimos de aquello que escribimos. Este lector es quien, en último término, emite sentencia sobre los textos que se deben dejar, corregir o eliminar. Todo autor es simultáneamente su primer lector, un lector que lee con tijeras en la mano. Pero no es en este sentido en que me concibo a mí mismo como mi principal lector. Lo soy también de una manera algo más sutil.

«Mihi ipsi scripsi!», escribió el propio Nietzsche, en sus cartas a Lou Andreas-Salomé, cuando le anunciaba que había terminado una de sus obras. «¡He escrito sólo para mí!»: creo percibir algo profundamente honesto en ese reconocimiento. Al menos algo con lo que me siento interpretado.

Cada uno de mis libros ha sido escrito pensando que escribía un libro al que, en algún momento de mi vida, hubiese querido acceder y no tuve la oportunidad de hacerlo. Un libro con el que me hubiese gustado encontrarme en el pasado, pero que no había sido escrito o, al menos, no se cruzó por mi camino. Un libro que me hizo falta y que yo creía que todavía hacía falta. Escribo, por lo tanto, para suplir una carencia que tuve en un determinado período de mi vida.

Si ese libro, que deseé leer y que busqué, hubiese llegado a mis manos, sospecho que mi propio desarrollo intelectual se habría beneficiado y es muy posible que hoy estaría escribiendo algo diferente. Algo como lo que espero que algunos lectores a los que llegue el presente libro puedan en algún momento escribir y, con ello, quizás destruir, superar o al menos corregir las insuficiencias que exhibe todo lo que hoy escribo. Si con este libro contribuyo a ello, me doy por satisfecho.

Pucón, 19 de septiembre de 2009.

Introducción

Aunque parezca paradójico, éste, en rigor, no es un libro sobre Nietzsche. Es un libro sobre los hombres y las mujeres contemporáneos y sobre la profunda crisis que nos afecta. Si Nietzsche aparece en él como protagonista es sólo en tanto pienso que nadie mejor que él ha abordado esta crisis en toda su profundidad y ha señalado el camino para superarla. Sólo en ese sentido este libro llega a ser también un libro sobre Nietzsche.

Pocos filósofos han sido tan incomprendidos y, diría incluso, tan completamente tergiversados como Friedrich Nietzsche. Acceder al núcleo de su pensamiento representa, sin embargo, uno de los desafíos de mayor urgencia e importancia que podamos acometer. De todos los filósofos que ha producido la modernidad, ninguno se proyecta de manera tan gravitante hacia el futuro como él lo hace. Su filosofía nos abre las puertas a un futuro diferente. Es como un haz de luz que nos ilumina un camino que no podremos dejar de recorrer.

Por otra parte, el pensamiento de Nietzsche permite múltiples interpretaciones. Muchas de ellas podemos objetarlas por cuanto no son rigurosas en la exégesis hermenéutica que llevan a cabo, por cuanto creemos que fuerzan la palabra de Nietzsche o por cuanto omiten aspectos importantes de lo que éste sostuvo. Pero hay muchas otras interpretaciones que, manteniéndose fieles a los textos, siguen caminos interpretativos muy diferentes y nos exponen un autor muy distinto. De todas ellas surgen, por decirlo así, múltiples Nietzsches.

Toda interpretación se inspira en un determinado texto, pero extrae de él voces y miradas diferentes. Lo que el intérprete observa en el texto suele ser muy variado. De alguna manera todo texto hace de espejo del propio intérprete que frente a él se levanta. No puede ser de otra forma. Además, en la mirada del intérprete no sólo aparece reflejada su historia personal, sino también la historia social en la que él o ella están situados al momento de acercarse al texto.

Lo anterior es otra razón para decir que éste no es un libro sobre Nietzsche, ya que su protagonista es «mi» propio Nietzsche, aquel que yo mismo he construido y que ha sido un estímulo constante para guiar mi pensamiento. Con eso deseo advertir que mi interpretación no invalida otras lecturas posibles, lecturas ya realizadas o todavía por realizarse.

¿Cuánto de lo que le atribuyo a Nietzsche es mío? En rigor, no lo sé. Sólo sé que mucho de lo que sostengo en el desarrollo de mi pensamiento ha sido inspirado por él y siento una fuerte necesidad de declararlo, para no aparecer apropiándome de ideas que yo no hubiese desarrollado de no haberme encontrado con su filosofía.

Resulta sorprendente constatar que, a pesar de que su obra fuera completada en 1888, hace ya bastante más de un siglo, Nietzsche es, hoy en día, la mayor de todas las figuras filosóficas de que disponemos. Tengo la convicción de que sólo podremos ir más allá de Nietzsche en la medida en que primero seamos capaces de comprenderlo. Sólo entonces podremos superarlo. Y debemos superarlo. Sin embargo, si no logramos acceder a lo fundamental de su contribución, como de hecho ha pasado con varios grandes filósofos que en el pasado se han acercado a su pensamiento, nos veremos desarrollando supuestos aportes que, en rigor, implican un retroceso en el desarrollo del pensamiento filosófico.[1] Nietzsche cambió muy radicalmente los términos del debate filosófico y

[1] En este contexto no es extraño que Heidegger sostuviera reiteradamente, al final de sus días, que Nietzsche lo había destruido.

considero que hoy resulta muy difícil hacer filosofía desconociendo esos términos.

Lo que acabo de señalar encierra dos ideas. Primera: que su filosofía ha sido incomprendida. Segunda: que tal filosofía, a pesar de las dificultades para ser adecuadamente entendida, contiene la mayor de todas las contribuciones que han nacido en los últimos siglos del quehacer filosófico. Es necesario hacerse cargo aquí de ambas premisas.

Comenzaré esta reflexión a partir de la primera idea, la que apunta a que Nietzsche ha sido incomprendido. Hay, al menos, tres importantes factores que permiten entender por qué esto ha sucedido.

El primer factor de incomprensión se relaciona con la radicalidad de su contribución. La filosofía de Nietzsche, como ninguna otra en el pasado, busca romper con el conjunto de la tradición filosófica y teológica occidental. Esa sola afirmación es insuficiente, pues pareciera situar el problema al interior del dominio propiamente académico, lo que no es así. Aquella tradición filosófica y teológica no sólo se encuentra presente en los aportes específicos de filósofos y teólogos. Sus premisas básicas representan el núcleo básico de nuestro sentido común y, por lo tanto, de aquel punto de arranque desde el cual todo filósofo o teólogo inicia su reflexión; el mismo punto de arranque desde el cual todo ser humano se abre a la comprensión de la vida y de la realidad. Lo que Nietzsche nos propone implica una profunda refundación de nuestro sentido común.

Esto nos plantea de inmediato un problema. Es difícil que el sentido común desde el cual operamos se abra a algo que tiene el potencial de cuestionarlo en sus raíces, pues tal apertura descansa en el propio sentido común desde el cual tal apertura requiere realizarse. Se trata del clásico problema del círculo hermenéutico. Pero ello no implica que no sea posible. Por algo el propio Nietzsche pudo poner en cuestión ese mismo sentido común.

Sin embargo, para estar en condiciones de hacerlo, para romper ese círculo hermenéutico que nos tiene cautivos, es necesario disponer de la valentía y la capacidad para contactarse muy profundamente con aquellos elementos que ponen de manifiesto la crisis a nuestro sentido común inicial, pues son ellos los que precisamente convocan a su refundación. Sin comprender y conectarnos con la crisis que hoy encara nuestro sentido común, estaremos condenados a seguir atrapados en él.

La reconfiguración de nuestro sentido común no es, en consecuencia, un problema meramente intelectual. Es a partir del contacto con las manifestaciones de sus crisis que seremos capaces de dimensionar su gravedad y, desde allí, buscar la manera de superarlas. Nietzsche acomete esto último a través de su tratamiento del problema del nihilismo. El nihilismo es el término que él utiliza para referirse a la profunda crisis de sentido que afecta al mundo contemporáneo. Resolver esta crisis no implica, según él, retroceder ante el nihilismo, sino atreverse a cruzarlo y así avanzar hacia una ribera distinta, en la que logra vislumbrarse un mundo muy diferente del que conocemos. Podemos asociar esta noción con el mito del Éxodo como trayecto de liberación de una determinada esclavitud. No hay Éxodo sin cruzar el Mar Rojo del nihilismo.

Para hacerlo, Nietzsche sigue una doble estrategia. Su combate en contra del sentido común hegemónico apunta a dos importantes flancos. En primer lugar, a los presupuestos epistemológicos (de conocimiento) en los cuales éste se sustenta. Esto conduce a Nietzsche a lo que define como su crítica al programa metafísico. En segundo lugar, a la moral, a los criterios que erigimos como orientadores de nuestras vidas, a los valores predominantes de nuestra tradición y desde los cuales desplegamos nuestra capacidad de conferir sentido. Esta segunda línea se expresa en la convocatoria que Nietzsche lanza a emprender una radical reevaluación de nuestros valores. Esta doble estrategia estará presente en su crítica a sus dos oponentes principales, pilares fundamentales del sentido común occidental: el socratismo y el cristianismo.

Con todo, antes de hacer contacto con los elementos que dan cuenta de la mencionada crisis, el sentido común busca múltiples maneras de defenderse, atrincherándose en las propias premisas de las cuales dicha crisis deriva: antes de enfrentar su propia crisis, el sentido común tiende a arrancar de ella, a negarla o a resolverla salvando esas premisas. Antes de ser capaz de mirar la crisis cara a cara, el sentido común tiende a esconderla.[2]

Para entender el carácter de la filosofía de Nietzsche es fundamental identificar con claridad cuál es su principal antagonista en el terreno de la filosofía. Más allá de lo que su pensamiento nos dice, es importante preguntarse con qué y con quién Nietzsche busca romper, o, dicho de otra forma, cuál es su punto de ruptura. Ello señalará cuál es la encrucijada en la que Nietzsche se coloca y a partir de la cual procura establecer un nuevo comienzo.

La identificación de su principal antagonista es por lo tanto muy importante pues conduce a «situar» adecuadamente su contribución. Para Nietzsche, su principal antagonista filosófico no se encuentra entre los filósofos que le son contemporáneos. Tampoco son aquellos que provenían de un pasado cercano y que ejercían la mayor influencia en su tiempo, como lo fueran, por ejemplo, Kant o Hegel. El principal filósofo contra el cual Nietzsche se alza es Sócrates, el inaugurador de la tradición filosófica occidental.

Para entender, entonces, la filosofía de Nietzsche, es preciso contraponerla al pensamiento original de Sócrates. Sólo

---

[2] Se trata de lo que en otro lugar he llamado «el recurso de los epiciclos». Ver Rafael Echeverría, *El observador y su mundo*, J. C. Sáez Editor, Santiago, 2008, «Introducción».

en relación a éste, la filosofía de Nietzsche logra desplegar su más profundo y pleno sentido. Si no entendemos lo anterior es prácticamente imposible comprender qué es lo que Nietzsche se propone acometer. Como argumentara convincentemente Gaston Bachelard, una filosofía no sólo se hace inteligible en relación a lo que sostiene, a lo que afirma, sino que requiere confrontarse con aquello que cuestiona, con lo que rechaza y niega. Toda filosofía arranca y nace de una determinada situación filosófica que es indispensable identificar para así «situar» efectivamente su propio *status* y acceder a su núcleo. En el caso de Nietzsche esta situación nos remite al momento mismo del nacimiento de la tradición filosófica occidental.

Nietzsche está consciente de las dificultades que su empresa conlleva. Sabe que, dado lo que busca acometer, será muy difícil que logre ser comprendido y aceptado. Muy pocos son aquellos que están dispuestos a una radicalidad como la que Nietzsche se impone. Este reconocimiento lo vemos expresado de una manera que no es habitual en la historia del pensamiento filosófico. Nietzsche nos advierte reiteradamente que su pensamiento es sólo para «espíritus-libres», para quienes estén dispuestos a cuestionar aquellas premisas y valores que representan el núcleo mismo de nuestro propio sentido común. Dicho de otra forma, se trata de una filosofía para personas osadas, una filosofía para valientes. La filosofía de Nietzsche no es una filosofía para temerosos, timoratos o cobardes, o para quienes se acercan al pensamiento buscando refugios. Para entrar a ella hay que estar dispuesto a cruzar una cortina de fuego, pues se trata de una filosofía que exhibe una radicalidad poco habitual.

Pero Nietzsche es también escéptico en lograr encontrar pensadores realmente libres como para acompañarlo en el salto que proyecta realizar. Nietzsche está consciente de la profunda soledad que su objetivo le impone. Se sabe un marginado. Sabe que su proyecto filosófico, si va a desarrollarse, no encontrará acogida en los espacios estrechos y normados del mundo académico de su época. Su «cátedra» requiere condiciones de libertad que la academia de entonces no le permitiría –y que de hecho no le permitió– y ello sólo puede proveérselo un trayecto solitario, en contacto esporádico con un grupo reducido de amigos para quienes este filósofo será siempre un personaje algo extraño.

Consciente de estas dificultades, Nietzsche no se hace ilusiones. En *El Anticristo*, señala:

> Este libro pertenece a muy pocos. Posiblemente ninguno de ellos haya nacido todavía ... Sólo me pertenece el día del pasado mañana. Algunos hemos nacido póstumamente.

En su última obra, *Ecce Homo*, reitera esa misma idea. Dice: «Soy un filósofo póstumo». El proceso que nos lleve a comprender su mensaje, advierte el propio Nietzsche, no será fácil. Primero no será entendido. Pero luego será profundamente tergiversado. Él mismo lo anticipa. En *Ecce Homo*, escribe:

> Conozco mi destino. Un día mi nombre será asociado con la memoria de algo tremendo – una crisis en la tierra sin igual, la colisión más profunda de la consciencia, una decisión que fue conjurada contra todo cuanto ha sido creído, demandado, santificado, hasta ahora.

Nietzsche sabe que es un filósofo que sólo será adecuadamente comprendido, si tiene suerte, en tiempos futuros, luego de que la crisis que él se ha anticipado en detectar devenga más profunda y con ello se ablanden todavía más las premisas y valores reinantes de nuestro sentido común. Sólo entonces su palabra podrá adquirir la resonancia que su mensaje requiere.

Sabe también que su mensaje será muy difícil de digerir por cuanto cuestiona aquello que hemos creído, abrazado y honrado desde hace mucho tiempo. Aceptar lo que él nos muestra, implica poner en cuestión no sólo nuestras creencias más profundas, sino también aquello que hemos considerado nuestros mejores y más sagrados valores. ¿Estaremos preparados para escuchar su mensaje? ¿Le daremos siquiera la oportunidad para escuchar y sopesar sus argumentos? En *Ecce Homo*, dice: «mi verdad es "terrible"; por cuanto hasta ahora hemos llamado verdad a "mentiras"».

Nietzsche anticipa que su mensaje, si logra ser comprendido, provocará las más despiadadas reacciones. Se le acusará, como por lo demás ocurriera en su momento con el mismo Sócrates, de corromper nuestra mirada, de ser la expresión de la disolución de nuestros valores y, por lo tanto, su filosofía será acusada como decadente. Si así llegan a atacarlo, es por cuanto han comprendido su tarea, pues, en efecto, ésta trata precisamente de subvertir nuestra moral histórica. Nietzsche responde de dos maneras diferentes. Primero, autoproclamándose *inmoralista*. En *Ecce Homo*, nos dice: «Soy el primer "inmoralista"». ¿Qué significa ser un inmoralista? En la misma obra, Nietzsche lo aclara:

> Mi término «inmoralista» implica dos negaciones. En primer lugar, niego un tipo de hombre que hasta ahora ha sido considerado supremo: el bueno, el benevolente, el beneficiante. Y luego niego un determinado tipo de moralidad que ha llegado a prevalecer y a ser predominante como moralidad en sí misma – la moralidad de la decadencia o, más correctamente, la moralidad «cristiana».

Segundo, acusando precisamente de decadente a nuestra moral histórica, a la moralidad cristiana, Nietzsche escribe en *El Anticristo*:

> Mi [principal] afirmación es que todos los valores en los que la humanidad sintetiza su más alto desiderátum son «valores decadentes».

Oponerse a estos «valores decadentes» es, por lo tanto, un acto de decencia. En *Ecce Homo*, proclama:

> Es mi destinō el que deba ser el primer ser humano «decente»; me reconozco por enfrentarme a una mendicidad de milenios – he sido el primero en «descubrir» la verdad al haber sido el primero en haber experimentado las mentiras como mentiras – en haberlas olfateado. Mi genialidad ha estado en las ventanas de mi nariz.

El segundo factor detrás de este manto de incomprensión que ha acompañado la filosofía de Nietzsche reside en un rasgo propio de su misma filosofía. Nos referimos a su carácter expresamente no sistemático. Nietzsche rechaza la idea de construir un sistema filosófico. Esta es una idea que aborrece, pues considera que en tal propósito se encierra no sólo una pedantería, una gran arrogancia, sino, por sobre todo, una falta de honestidad. En *El crepúsculo de los ídolos*, Nietzsche advierte:

> Desconfío de todos los sistematizadores y procuro evitarlos. La voluntad de construir un sistema es una falta de honestidad.

Y, en *Aurora*, señala:

> Los sistematizadores practican una suerte de actuación dramática en la medida en que quieren llenar un sistema y delimitar su horizonte; para ello procuran presentar sus cualidades más débiles de la misma manera que las más fuertes – ellos tratan de presentarse a sí mismos como naturalezas completas y uniformemente fuertes.

Todo lo que luzca a «tratado», algo tan frecuente en su época, le es completamente ajeno. Sus abordajes tienen más el carácter de irrupciones. Su obra principal, *Así habló Zaratustra*, está escrita en un género que se asemeja al género bíblico, más que a los textos de filosofía. Sus argumentos se expresan muchas veces como pronunciamientos, incluso como dardos. El aforismo es el estilo de expresión con el que se siente más a gusto. Aunque escribe ensayos, éstos son muchas veces verdaderos «manifiestos filosóficos» que nos recuerdan aquellos escritos producidos algunas décadas antes por Ludwig Feuerbach, uno de los filósofos que en su juventud Nietzsche leyó con interés.

Como lo fuera Sócrates en el pasado, Nietzsche es también un gran maestro de la ironía. Pero va más lejos: es un filósofo «intempestivo», iracundo y temperamental. Nietzsche acude a la burla. Su filosofía no puede ser concebida como una visión plácida y armónica. No estamos frente a una filosofía «armónica o bien temperada», como sucede, por ejemplo, con la filosofía de Kant. Por el contrario, su filosofía es una tormenta. Su pensamiento es un huracán.

Podríamos apuntar numerosas razones para justificar las opciones expresivas de Nietzsche, pero quizás la más importante guarda relación con el hecho de que su filosofía conserva un componente intuitivo fundamental, que se manifiesta en atisbos muchas veces sorprendentes en relación a los cuales el filósofo pareciera reconocer que no le es posible un desarrollo argumental diferente. Muchas de sus conclusiones no provienen de un proceso de deducciones lógicas, sustentadas en premisas claramente reconocidas. Nietzsche desconfía de la lógica, sospecha que nuestras «razones» suelen esconder a menudo estrategias que nos protegen frente a nuestros temores. Su mirada está frecuentemente dirigida a desenmascarar muchos de nuestros argumentos y a mostrarnos cómo detrás de ellos se suelen esconder nuestras vulnerabilidades. Nuestras «verdades» suelen expresar a menudo algunas de nuestras maneras más eficaces de «mentirnos».

Con todo, Nietzsche va más allá que Sócrates, su principal antagonista, quien no dejó nada escrito. En el caso de Sócrates, fueron sus discípulos y muy particularmente el más genial de ellos, Platón, quienes le confirieron sistematicidad a la filosofía que Sócrates practicaba. Nietzsche, por el contrario, articula por escrito sus ideas, pero ellas son más bien como dardos dirigidos a muchos de los puntos más sensibles de nuestra tradición de pensamiento. En este sentido creemos que no es exagerado decir que la filosofía de Nietzsche es una filosofía embrionaria, más que una filosofía plenamente desarrollada.

Ello, sin duda, conspira contra la posibilidad de hacerla plenamente inteligible y coherente. A menudo, diferentes pronunciamientos parecieran incluso contradecirse o un mismo término aparece utilizado con sentidos diferentes e incluso contradictorios. ¿Se contradice Nietzsche? Sin duda, pero quién, a fin de cuentas, no se contradice. Sin embargo, muchas de esas aparentes contradicciones pueden disolverse en la medida en que podamos distinguir contextos y dominios de sentido diversos. Pero ello implica un trabajo que Nietzsche mismo no realizó, lo que ha dificultado la adecuada comprensión de su pensamiento.

Existe otra dimensión de su estilo que contribuye a producir un distanciamiento frente a lo que Nietzsche sostiene. Él mismo nos lo advierte cuando señala, en *Ecce Homo*, que hace filosofía «con un martillo». Muchos de sus pronunciamientos buscan sacudir, buscan golpear y tienen el efecto de sorprender o desconcertar al lector. Antes que constructor, se concibe a sí mismo como un destructor. En sus notas personales, recogidas en el libro póstumo *La voluntad de poder*, dice: «¡Tenemos que ser destructores!». Para levantar su pensamiento, antes requiere derribar una fortaleza. En *Ecce Homo*, insiste en ello más adelante: «Soy guerrero por naturaleza. Atacar es uno de mis instintos».

Nietzsche pareciera estar consciente de que sólo logrará ser comprendido en la medida en que logre traspasar nuestras corazas y preconcepciones. Sus palabras buscan muchas veces hacernos despertar de un largo letargo. Muchas veces, algunos de esos pronunciamientos nos parecen exagerados o descomedidos. Algunos pueden resultarnos incluso chocantes. Otros lesionan nuestra sensibilidad. Nietzsche pareciera saberlo, pero su tarea es alertarnos y ello no se logra con cortesía, complaciéndonos. Nietzsche no busca complacer, su objetivo es sacudirnos, mostrarnos lo que no vemos, a pesar de que todo lo que nos muestra ha estado siempre frente a nuestros propios ojos. En *Humano, demasiado humano*, dice:

> Lo que distingue a una auténtica cabeza original no es ser la primera en ver algo nuevo, sino el ver *como nuevas* las cosas viejas, conocidas de antiguo, vistas por todo el mundo y no tenidas en cuenta por nadie.

Veamos algunos ejemplos de su actitud lapidaria. Es el caso de su crítica al cristianismo. No nos olvidemos de que Nietzsche se enfrenta al cristianismo decimonónico de su época, un cristianismo preconciliar que, en aspectos relevantes, es muy diferente del que se desarrolla con posterioridad. Esto, sin embargo, no le resta validez a parte importante de su crítica al cristianismo y, de manera especial, no compromete sus objeciones al sustrato metafísico de la teología cristiana.

Por otro lado, su radical individualismo y el desprecio de una «conciencia social» o de la noción de «justicia social», junto con su falta de reconocimiento de los efectos que los sistemas sociales ejercen sobre los mismos individuos, son aspectos que a menudo nos llevan a discrepar de él. Por último, sus pronunciamientos muchas veces ofensivos acerca de las mujeres, nuevamente asociados a las condiciones particulares de su época, nos hacen antagonizar con él, a pesar de que, en *Ecce Homo*, proclama: «Quizás, soy el primer psicólogo de lo eternamente femenino».

Sin embargo, poco a poco, Nietzsche logra que pongamos atención en cuestiones que previamente no acostumbrábamos a cuestionar. Comenzamos a descubrir, detrás de sus «pronunciamientos intempestivos», la inmensa importancia de su mensaje. Con todo, es importante advertirlo, para comprender a Nietzsche se requiere a menudo una disposición benevolente. El camino que nos permite acercarnos a él, para apreciar su filosofía, no es siempre fácil. No lo fue mientras vivía y no lo es tampoco en la actualidad. Nietzsche pareciera saberlo y tenemos la sensación de que sonríe detrás de nuestras reacciones.

Pocos filósofos fueron tan solitarios como Nietzsche. Más allá de un grupo muy reducido de amigos, con los que él muchas veces tuvo también dificultades, la vida de Nietzsche está marcada por la soledad. Esta soledad es también una marca de su filosofía. ¡Qué diferencia con Sócrates, siempre rodeado de discípulos que lo admiraban y seguían por todas partes! La gran compañera de Nietzsche fue la soledad y, por lo que el filósofo reporta, ésta parece haberle sido una compañera leal y una gran colaboradora en el desarrollo de su pensamiento. Las referencias a ella en sus obras son reiteradas. En *Ecce Homo*, señala:

> Requiero soledad – es decir, recuperación, retorno a mí mismo, respirar un aire libre, ligero y lúdico.

Nietzsche busca que su mensaje sea comprendido, sin embargo, a la vez rehuye la idea de contar con seguidores ciegos de su mensaje, pues ello contradice lo central de su propuesta, que es el terminar con la moralidad de rebaño, todavía prevaleciente. En la obra mencionada, advierte:

> No quiero «creyentes»: pienso que soy demasiado malicioso para creer en mí mismo: nunca me dirijo a las masas – tengo un miedo terrible de que algún día pueda ser declarado «sagrado»: adivinarán por qué publico este libro «antes»; debo prevenirle a la gente de no causar daño conmigo.

Nietzsche considera que la dependencia de otros y de instituciones encierra el peligro de comprometer su propio pensamiento. Nos recomienda, también en *Ecce Homo*:

> [...] evitar situaciones y relaciones que puedan condenarnos a una suerte de suspensión de nuestra «libertad» y capacidad de iniciativa y a convertirnos en meros reactores.

El tercer factor detrás de esta historia de incomprensiones frente a Nietzsche es, esta vez, completamente ajeno al filósofo. Se trata de la nefasta influencia que en la proyección de su obra ejerció, durante mucho tiempo, su hermana Elisabeth. Como sabemos, Nietzsche enloqueció en enero de 1889. Ello interrumpe su producción filosófica. En un primer momento, el cuidado del filósofo recae en su madre. Pero al fallecer ésta, será su hermana Elisabeth quien asume su custodia. Elisabeth venía de una historia personal de marcado antisemitismo, razón por la que su hermano había terminado por distanciarse de ella. Como custodia no sólo de la persona del filósofo, sino también del conjunto de su obra, Elisabeth asume la administración de ésta, haciéndola servir a sus propias causas.

Con el desarrollo del nazismo en Alemania, Elisabeth procura venderle a éste la figura de su hermano como un portavoz filosófico de las doctrinas nacionalsocialistas. El régimen nazi enarbolará a Nietzsche como símbolo de sus doctrinas. Pocas cosas, sin embargo, resultan más ajenas y contrarias al pensamiento de Nietzsche que el nazismo, pero durante mucho tiempo esta filosofía fue asociada a él. Después de la Segunda Guerra Mundial, la obra de Nietzsche fue mirada con gran desconfianza por la intelectualidad del mundo democrático.

Se necesitaron varias décadas y el trabajo de muchos intelectuales, que progresivamente se fueron acercando al pensamiento de Nietzsche, entre ellos varios estudiosos judíos, como Walter Kaufmann, para rescatar su filosofía de esta lamentable e injusta asociación con el nazismo. Pero el daño ya se había producido. Muchos juzgaron que la filosofía de Nietzsche estaba contaminada con los valores del nazismo. Debió transcurrir un tiempo considerable para que otros volvieran la mirada hacia su pensamiento y reconocieran su real carácter y valor.

Éste es un escrito que busca presentar lo central del pensamiento de Nietzsche y su inmensa relevancia en el mundo de hoy. Nietzsche ha sido la principal influencia en mi propio pensamiento y me parece conveniente y justo no sólo hacerlo presente –lo que procuro hacer cada vez que me es posible–, sino además mostrar por qué su influencia ha sido tan determinante. Mis contribuciones, sin duda modestas si se comparan con el inmenso aporte del filósofo, intentan seguir el camino que éste nos dejó trazado. Se trata de un camino que invito a muchos otros a seguir, pues considero que tiene el potencial de llevarnos muy lejos y permitirnos participar en la resolución de esta profunda crisis de sentido y convivencia que hoy golpea al conjunto de la humanidad.

El tema puede abordarse por vías muy diversas. Se podría hacer de una manera más académica, lo que permitiría no sólo una mayor profundización en las diversas temáticas que conforman la filosofía de Nietzsche, sino también una exégesis rigurosa del modo en que estos problemas han sido abordados por sus distintos críticos. Aunque esta modalidad pudiera satisfacer a algunos, pienso que tiene el gran costo de alejarme de muchos que posiblemente se perderían en el mosaico de citas y referencias cruzadas a las que estaría obligado. Siguiendo el propio camino de Nietzsche, me ha parecido más importante realizar un tratamiento diferente que, sin sacrificar el debido rigor, permita llegar a una audiencia más amplia.

La crisis de la que habla Nietzsche nos afecta a todos. El mensaje que entrega, aunque profundo, nos atañe y no es necesario vestirlo de ropaje académico para destacar su importancia y conferirle respetabilidad. Ésta no fue la manera en que

Nietzsche hizo filosofía y alejarnos del camino expresivo que él nos mostró implicaría una primera traición a su pensamiento.

Sin embargo, tampoco se trata de repetir simplemente lo que él hizo y dijo. Con ello, no agregaría yo valor alguno y tal vez enfrentaría las mismas dificultades de comprensión que han afectado hasta hoy su pensamiento. Actualmente estamos obligados a ir algo más lejos. El dominio específico en el que procuraré «ir más lejos» se refiere a un esfuerzo por darle a su pensamiento una coherencia que, como he dicho, en su versión original no siempre alcanza. Ello implica conectar aspectos diversos de su filosofía y situarlos al interior de un tronco común de sentido, trazando puentes entre esos variados componentes, puentes que algunas veces será preciso construir, pues ellos no siempre fueron producidos por el propio filósofo.

Me asiste la convicción de que las piezas que conforman el rompecabezas de la filosofía de Nietzsche permiten, sin hacer de ella un sistema, formar un cuadro coherente y común en el que prácticamente todas encuentran un lugar y contribuyen a conferirle sentido al conjunto de su pensamiento. Completar ese cuadro es una tarea que debemos realizar nosotros mismos, con las piezas que Nietzsche nos legó. Ése es el objetivo de este escrito, cuyos resultados dejo a la evaluación del lector. No descarto que exista la posibilidad de armar un cuadro final diferente del que presento, pero aun en ese caso tengo la impresión de que estas conexiones seguirán siendo válidas.

Lo que me propongo, en consecuencia, implica cierto distanciamiento de lo que esté directamente autorizado por la palabra de Nietzsche, pues buscaré establecer, al interior de su filosofía, una coherencia que él mismo se negó a proporcionar, pero que me parece una condición obligada para apreciar el inmenso valor de su contribución.

Santiago, 11 de agosto de 2009.

Breve reseña biográfica

Algunos antecedentes sobre su vida

Friedrich Wilhelm Nietzsche nace el 15 de octubre de 1844 en Röcken, cerca de Lützen, región de Sajonia, en Prusia. Sus padres son el pastor luterano Karl Ludwig Nietzsche y Franciska Oehler. Sus dos abuelos fueron también pastores luteranos. Su padre, que se ha desempeñado como preceptor en la corte de Altemburgo, elige sus nombres en honor al rey Friedrich Wilhelm IV de Prusia, que en el día del nacimiento de su hijo celebra su cuadragésimo noveno aniversario.

Nietzsche es el mayor de tres hermanos. Su hermana Elizabeth nace en 1846 y su hermano Ludwig Joseph en 1848. La muerte de su padre, en 1849, y la de su hermano, al año siguiente, determinan que su entorno familiar, desde entonces, sea un mundo de mujeres, integrado por su madre, su hermana y, durante un tiempo, su abuela paterna, Erdmuthe Krause, quien muere en 1856, y sus dos tías paternas, Rosalie y Friederike.

En 1850, la familia se traslada a Naumburgo, ciudad en la que su abuela mantiene parientes. Allí Nietzsche asiste a la escuela local y luego al Gimnasio, iniciando su afición por la poesía y la música. En 1856 comienza a tener fuertes dolores de cabeza y de los ojos, dolencias que se acrecentarán con los años, durante el resto de su vida, inhabilitándolo a menudo para leer y trabajar.

En 1858 entra a estudiar en la escuela Pforta, de enseñanza muy disciplinaria, la que Nietzsche apreciará. Su familia se cambia de casa, a Weingarten 18, también en Naumburgo, donde su madre residirá hasta su muerte en 1897. En Pforta, Nietzsche comienza a interesarse por el lenguaje y la filología, además de desarrollar un fuerte sentido musical, aprendiendo piano y ejercitándose en diversas composiciones musicales. Esta afición lo acompañará de por vida y actualmente disponemos de varias de sus composiciones.

La música tiene un rol fundamental no sólo en la cotidianidad de Nietzsche, sino también en su concepción de la vida, siendo un elemento determinante de su visión dionisíaca de la existencia. «Sin música la vida sería un error», llegaría a sostener. En esos años queda impactado por la música de Wagner, de quien escucha *Tristán e Isolda* y con quien desarrolla posteriormente una estrecha relación que culminará en ruptura.

En 1861 Nietzsche descubre al gran poeta alemán Hölderlin, quien en esos años no es un poeta muy reconocido, y ello da nuevos impulsos a su afición poética, la que también sería una actividad que realizaría hasta el fin de sus días. En 1862, a sus diecisiete años, lee a Maquiavelo, Ralph Waldo Emerson y Ludwig Feuerbach[1], lecturas que incidirán de manera importante en su obra. Termina sus estudios en Pforta con un trabajo sobre Teognis de Megara.

---

[1] Ludwig Feuerbach ha devenido hoy en día un filósofo secundario y es poca la atención que se le suele prestar. Pienso que eso es un error. El aporte de Feuerbach en la evolución del pensamiento posterior es, a mi modo de ver, determinante. No en vano su pensamiento juega un rol muy importante en el desarrollo de las concepciones de los tres grandes pensadores que conforman lo que Paul Ricoeur llamara «la escuela de la sospecha»: Karl Marx, Friedrich Nietzsche y Sigmund Freud. En todos ellos Feuerbach dejó una huella indeleble. De hecho el propio Nietzsche, en *Humano, demasiado humano*, referirá también su filosofía como parte de la escuela de la sospecha: «Mis escritos han sido llamados una Escuela de la Sospecha, más incluso del Desprecio y afortunadamente de la Valentía y, de hecho, del Atrevimiento. Verdaderamente, no creo que haya habido nunca antes alguien que mirara el mundo con tan profunda sospecha».

Sobre Emerson, más adelante, en *Ecce Homo*, escribirá:

> Emerson con sus ensayos ha sido un buen amigo y me alegró incluso durante períodos sombríos: él contiene tanta «skepsis», tantas «posibilidades», que incluso la virtud alcanza espíritu en sus escritos. ¡Un caso único! Incluso de niño disfrutaba escuchándolo.

En 1864, Nietzsche se traslada a estudiar teología y filología a la Universidad de Bonn. Impresionado por la lectura de *La vida de Jesús*, libro de David Friedrich Strauss en el que se disputa la veracidad histórica de muchos de los relatos de la *Biblia*, decide abandonar sus estudios de teología. Esta decisión produce fuertes discusiones con su madre, quien aspiraba a que su hijo fuese un pastor, como habían sido su padre y, antes de él, sus dos abuelos.

Fuertemente influido por las lecciones de filología de su profesor Ritschl, en agosto de 1865 opta por seguirlo a la Universidad de Leipzig, cuando éste abandona la Universidad de Bonn. Allí prosigue sus estudios de filología, bajo el alero de Ritschl. Estos estudios lo proveerán de un acceso privilegiado al mundo grecolatino y su cultura.

Durante octubre y noviembre de 1865, Nietzsche descubre a Schopenhauer y es tocado fuertemente por *El mundo como voluntad y como representación*. Schopenhauer ejerce una marcada influencia en su pensamiento temprano. En este período se inicia propiamente su inclinación filosófica. Por entonces lee también *La historia del materialismo*, de Albert Lange. Será su segundo gran encuentro con el pensamiento materialista. No olvidemos la lectura de Feuerbach que realizara cuatro años antes. A partir de esas lecturas, desarrolla un claro, temprano y fuerte escepticismo hacia la metafísica, a partir del cual rechaza toda identificación del pensamiento y del ser.

En 1866, inicia su amistad con Edwin Rhode, filólogo y gran estudioso de la cultura griega. En 1867, Nietzsche estudia a Homero y a Demócrito y proyecta una tesis doctoral sobre la relación entre Homero y Hesíodo. En 1868, conoce personalmente a Richard Wagner, de quien entonces deviene gran y leal admirador, y a su mujer, Cósima.

Gracias a una recomendación del profesor Ritschl, autoridad en el mundo de la filología, en febrero de 1869 Nietzsche es aceptado para asumir una cátedra de lengua y literatura griegas en la Universidad de Basilea, en Suiza. Para entonces tiene tan sólo veinticuatro años y todavía no ha obtenido su doctorado. Éste le será conferido algo más tarde, ese mismo año, sin que tuviese que rendir exámenes ni presentar una tesis, sobre la base de sus primeros escritos filológicos, que incluían uno sobre Diógenes Laercio.

En la Universidad de Basilea establece nuevas relaciones. En 1870, conoce a Frank Overbeck, especialista en historia de la Iglesia, y a Jacob Burckhardt, eminencia en historia del arte. Ese mismo año se enrola como enfermero en la guerra franco-prusiana, donde contrae difteria y disentería, lo que lo obliga a retirarse. En este período frecuenta a Richard Wagner en Triebschen, cerca de Lucerna, hasta que éste parte en 1872 hacia Bayreuth.

En 1871, publica su primera obra de importancia, *El nacimiento de la tragedia*. Esta obra es mal recibida y fuertemente criticada por el mundo filológico alemán, pues se le considera ajena al tipo de filología que entonces se practica. Ello distancia a Nietzsche del entorno oficial de los filólogos y lo conduce a una ruptura con Ritschl, hasta entonces su maestro. Por todo ello Nietzsche solicita ser trasladado de la cátedra de filología a la de filosofía en la misma Universidad de Basilea. Su petición, que expresa un interesante giro en su desarrollo intelectual, le es sin embargo denegada.

En 1872, Nietzsche conoce a Malwida von Meysenburg, con quien desarrollará una larga amistad. Ella era una admiradora de Wagner, defensora de los movimientos revolucionarios de 1848 en Europa, feminista y educadora de los hijos de Alexander Herzen, el revolucionario demócrata ruso, ideólogo de la revolución campesina, economista y filósofo materialista. No resulta entonces extraño que Matilde mirara a Nietzsche con interés. En ese mismo año, Nietzsche profundiza sus estudios sobre los filósofos presocráticos.

Entre 1873 y 1874, Nietzsche publica sus cuatro *Consideraciones intempestivas*. En 1874, lee *El individuo y su propiedad*, de Max Stirner, una suerte de manifiesto filosófico de extremo individualismo, libro que Nietzsche recomienda a su discípulo Adolf Baumgartner. Esta lectura afirma a Nietzsche en sus propias posiciones individualistas, como las encontramos expresadas posteriormente, cuando señala:

> El individuo ha luchado siempre para no ser absorbido por la tribu. Si lo intentas, a menudo estarás sólo, y a veces asustado. Pero ningún precio es demasiado alto por el privilegio de ser uno mismo.

O bien:

> Ser independiente es cosa de una pequeña minoría, es el privilegio de los fuertes.

A los 30 años Nietzsche es ya un hombre enfermo, con frecuentes y severos dolores de cabeza y disturbios estomacales. En 1875, conoce al músico Heinrich Köselitz, quien se convertirá en su secretario privado y lo ayudará en los períodos de dolencia. Nietzsche lo bautiza con el nombre de Peter Gast. Hasta el momento de su muerte, Gast y Overbeck le fueron amigos excepcionalmente fieles.

En 1876, Nietzsche se familiariza con los grandes escritores y moralistas franceses entre los que destacan Montaigne, La Rochefoucauld, Voltaire, Stendhal, etcétera. De su encuentro con Stendhal, escribe en *Ecce Homo*:

> [...] uno de los más bellos accidentes de mi vida [...] Él me arrebató el mejor chiste ateo que precisamente yo podría haber hecho: «La única excusa de Dios es que no existe».

Esas lecturas ejercen una indiscutible influencia en el desarrollo posterior de sus ideas. Su sentencia de que «el egoísmo es la esencia misma de un alma noble», no puede sino recordarnos las *Máximas* de La Rochefoucauld. En *Humano, demasiado humano*, Nietzsche señala:

> La Rochefoucauld y aquellos otros maestros franceses dedicados a la exploración del alma [...] son como flechas dirigidas con precisión y que dan una y otra vez en el blanco, aquel punto negro de la naturaleza humana.

Y cita aquella máxima en la que La Rochefoucauld sostiene:

> [...] lo que el mundo designa como virtud no es sino un fantasma formado por nuestras pasiones, al que se le confiere un nombre honesto para poder realizar impunemente lo que uno quiere.

Ese mismo año se inicia también su distanciamiento de Wagner y su mujer, al considerar que su música ha girado progresivamente hacia un sentimentalismo efectista orientado a evocar los valores alemanes más tradicionales y conservadores. En 1877, entre sus lecturas se cuentan Tucídides, Platón, el *Evangelio según Mateo*, Diderot, Michelet, Mark Twain y *El origen de las sensaciones morales*, el libro de su amigo Paul Rée. En 1978, rompe definitivamente con Wagner.

En mayo de 1878, Nietzsche, acosado por sus recurrentes problemas de salud, renuncia a la Universidad de Basilea, la que le otorga una pequeña pensión anual, de la que vivirá de allí para adelante. La renuncia se concreta en 1879. Nietzsche se traslada a Italia, donde encuentra un clima favorable para enfrentar en mejores condiciones sus dolencias. Entre 1878 y 1879, publica la primera parte de *Humano, demasiado humano*. La segunda parte se titulará *El viajero y su sombra*. Nietzsche se anticipa a sí mismo, vislumbrándose como errante, solitario y enfermo. En efecto, sus amigos serán muy pocos y tendrá muchas dificultades en sus relaciones con las mujeres.

En enero de 1881, Nietzsche publica *Aurora* y durante esos años pasa largas temporadas en Sils-Maria, en Engadine. En ese tiempo Nietzsche descubre la obra de Baruch Spinoza, la que lo impacta fuertemente. Al respecto escribe:

> Estoy asombrado, realmente maravillado. Tengo un predecesor. ¡Y qué uno! Casi no conocía nada de Spinoza: el que yo lo buscara precisamente ahora fue un «acto de instinto». No sólo que su tendencia general es igual a la mía – de convertir el conocimiento en el más poderoso de los impulsos – me identifico con cinco puntos principales de su doctrina: éste, el más inaudito y más solitario de los pensadores, es el más cercano a mí precisamente en esas cosas: niega el libre albedrío, las finalidades, el orden cósmico/ético, lo no egoísta, lo malo [...] mi soledad es ahora al menos una soledad a dúo.

Entre 1881 y 1882, Nietzsche escribe *La ciencia gaya*. En 1882, a través de su amigo Paul Rée, conoce y mantiene una especial relación con Lou Salomé[2], joven muy destacada que había salido de Rusia y ya en el extranjero se había acercado al círculo de Malwida von Meysenburg. Nietzsche se enamora de Lou, quien entonces tenía tan sólo veintiún años, y considera que ella podría llegar a ser una gran compañera en la persecu-

---

2 Lou Salomé tomará luego el nombre de Lou Andreas-Salomé, al casarse con el profesor de lingüística Carl Friedrich Andreas. Lou Salomé desarrollará una larga relación de amistad con Sigmund Freud, a quien introduce al pensamiento de Nietzsche, y luego será amante de Rainer Maria Rilke, el destacado poeta checoalemán.

ción de un destino común. Los encuentros y paseos que realizan juntos lo dejan con un entusiasmo que pocas veces había sentido. Le propone matrimonio, pero Lou lo rechaza y opta partir con Paul Rée. En este desenlace intervienen también los comentarios intrigantes de su hermana Elisabeth, lo que conduce a Nietzsche a separarse tanto de ella como de su madre.

Luego de esta experiencia, que lo deja muy afectado, Nietzsche encuentra sin embargo la fuerza y la inspiración para escribir uno de sus libros más importantes, *Así habló Zaratustra*, escrito en 1883, en la mitad de su crisis afectiva. Ésta es una obra extraña, escrita imitando el género de un relato bíblico. El protagonista lleva el nombre del gran sabio y profeta persa Zaratustra (llamado por los griegos Zoroastro), en el cual pareciera encarnarse el propio Nietzsche. Se ha dicho, sin embargo, que detrás de la figura de Zaratustra es posible encontrar también a Heráclito, el filósofo griego de Éfeso, cuando esta ciudad estaba bajo el protectorado persa, alrededor del año 500 a. C.

Luego de una reconciliación pasajera con su familia, Nietzsche vuelve a romper con su hermana a raíz de la relación que ésta desarrolla con el agitador antisemita Bernhard Förster. En abril de 1884, Nietzsche escribe:

> El maldito antisemitismo [...] es la causa de una radical ruptura.

Elisabeth y Förster se casan en 1885 y Nietzsche no asiste a la boda. Luego, el matrimonio parte a Paraguay, donde Förster funda una colonia aria, de marcado antisemitismo. Antes de la partida de Elisabeth, estando en Zürich, Nietzsche se reconcilia parcialmente con ella. Sin embargo, la relación con su hermana no se restablecerá plenamente nunca más. El próximo encuentro tiene lugar cuando Nietzsche ha perdido la razón y ya ha dejado de comunicarse con el mundo.

En los años siguientes, Nietzsche viaja constantemente por Italia y, en tres años, entre 1886 y 1888, escribe siete obras.

En 1886, *Más allá del bien y del mal*. En 1887, *Genealogía de la moral*. Y, en 1888, *El caso Wagner, El crepúsculo de los ídolos, El Anticristo, Nietzsche contra Wagner* y, su última obra, *Ecce Homo*. En estos años Nietzsche lee ávidamente a Dostoievski, en traducciones francesas. Entre sus lecturas están *L'ésprit souterrain, La maison des morts, Humiliés et offensés*. Nietzsche se apasiona con estas novelas. Más adelante señalará:

> Dostoievski es el único que me ha enseñado algo de psicología.

Cuando en sus notas tardías Nietzsche escribe «¡Todo es falso! ¡Todo está permitido!», lo hace sin duda en referencia a *Crimen y castigo* y a *Los hermanos Karamazov*, de Dostoievski. Recordemos que Dostoievski había hecho exclamar a Iván Karamazov: «Si Dios no existe, todo está permitido».

En 1888, el académico escandinavo Georg Brandes ofrece el primer curso universitario sobre Nietzsche en la Universidad de Copenhagen. Su visión de Nietzsche es recogida en su libro *Nietzsche, un ensayo sobre el radicalismo aristocrático*. En este volumen Brandes destaca uno de los rasgos destacados de la filosofía de Nietzsche: su marcado sentido aristocrático de la vida. Sin embargo, aspectos quizás mucho más importantes, y sin duda más profundos, escapan a la interpretación que Brandes hace de su obra.

El 3 de enero de 1889, mientras caminaba por la plaza de Turín, Nietzsche observa cómo un cochero golpea con su látigo a su caballo, que ha resbalado y caído a tierra. Al ver esta escena, Nietzsche se abalanza sobre el animal y lo abraza por el cuello. La experiencia lo precipita en la locura. Desde ese momento, Nietzsche pierde la razón, su arma principal y predilecta para enfrentar la vida. Tenía 44 años.

De vuelta en su habitación, Nietzsche escribe pequeñas misivas incomprensibles a muchos de sus amigos y conocidos. En algunas firma como El Crucificado, en otras como Dionisos.

A Cósima Wagner, la viuda del gran compositor, le escribe llamándola Ariadna, la mujer amada del dios Dionisos. Una de estas extrañas cartas le llega el 6 de enero a su antiguo colega de la Universidad de Basilea, Jacob Burckhardt. Ésta dice:

> He tenido Caiphas puestos. Además el año pasado fui crucificado por los doctores alemanes de una manera muy drástica. Wilhelm, Bismarck, y todos los antisemitas abolidos.

Burckhardt se inquieta y le da aviso a Frank Overbeck, antiguo amigo de Nietzsche. Overbeck recibe enseguida una carta equivalente dirigida a él. Alarmado viaja a Turín y se dirige al lugar en que Nietzsche se hospedaba. Nietzsche lo recibe bailando desnudo, como si estuviera participando en un rito dionisíaco. Está completamente enajenado, fuera de sí.

Overbeck traslada a Nietzsche a un manicomio en Basilea y le da aviso a su madre. Franciska Oehler se dirige a Basilea y recoge a su hijo para trasladarlo a una clínica psiquiátrica en Jena. En 1890 lo retira de la clínica y se lo lleva consigo a su casa de Naumburgo. Ese mismo año, Elisabeth, su hermana, vuelve de Paraguay luego de que su esposo se suicidara al ver fracasar su experimento de crear una colonia de sesgo ario y antisemita.

Durante este tiempo, Gast y Overbeck se preocupan por publicar varios de los manuscritos ya terminados por Nietzsche antes de su colapso. En enero de 1889 se habían concentrado en asegurar la publicación de *El crepúsculo de los ídolos*, que ya se encontraba en imprenta. En febrero de ese mismo año, publican *Nietzsche contra Wagner*. Más adelante se encargarían de la publicación de *El Anticristo* y de *Ecce Homo*.

En abril de 1897, muere Franciska Oehler, la madre de Nietzsche, a los 71 años. Elisabeth se hace cargo de él, con quien se traslada a la ciudad de Weimer, y se convierte en la custodia de su persona y su obra.

Friedrich Nietzsche muere de neumonía el 25 de agosto de 1900, a los 55 años. Su cuerpo es incinerado y sus cenizas trasladadas a Röcken, su ciudad natal, para ser depositadas en el cementerio de la parroquia, junto a los restos de su padre.

Luego de la muerte de Nietzsche, una colección de sus apuntes personales es editada por su hermana Elisabeth bajo el título de *La voluntad de poder*. Posteriormente ella hace todo lo posible para que el nazismo alemán considere la filosofía de Nietzsche como su filosofía oficial, logrando parcialmente su objetivo. Luego de la Segunda Guerra Mundial se realizan importantes esfuerzos para rescatar su figura, restablecer el significado de su filosofía y separarla de la ideología nazi, que representa lo opuesto de lo que Nietzsche profesara.

El posible secreto de Nietzsche

Para Nietzsche no existe una separación tajante entre el pensamiento de un autor y su psicología. Ello lo vemos sostenido reiteradamente por él mismo, por ejemplo, en su crítica a Sócrates, su contrincante principal. A Nietzsche no le es suficiente poner en cuestión los fundamentos lógicos de la posición filosófica asumida por Sócrates. Permanentemente se pregunta cuáles son los factores psicológicos que conducen a Sócrates a sus conclusiones. Dicho de otra manera, qué dirige su búsqueda y lo lleva a las respuestas que nos ofrece. Como veremos más adelante, para Nietzsche toda filosofía que es capaz de generar un pensamiento original es una suerte de confesión personal, una suerte de memoria involuntaria e inconsciente. El ser humano que está detrás de toda propuesta filosófica encierra las claves de su propia filosofía. En tal sentido, toda filosofía es considerada por Nietzsche como de naturaleza autobiográfica y en ella se proyectan los dilemas morales de su autor, sus desgarramientos psicológicos fundamentales, sus temores, anhelos, deseos y frustraciones.

Aunque Nietzsche sabe que la referencia a los antecedentes autobiográficos del autor no permite descalificar sus posiciones filosóficas (evitando caer en la falacia del argumento *ad hominem*), cree que la referencia a su psicología es un factor importante para comprender su propuesta intelectual. Esto lo lleva reiteradas veces a preguntarse por el secreto de Sócrates, por aquellos elementos de su alma que lo condujeron al desarrollo de su pensamiento.

De la misma manera en que Nietzsche se pregunta por el secreto de Sócrates, cabe también preguntarse por los secretos de Nietzsche, por los elementos psicológicos que lo llevan no sólo a criticar a Sócrates, sino a desarrollar su propia filosofía. Lo que sabemos de Nietzsche no es mucho. Su vida encierra misterios que han motivado diversas interpretaciones. Uno de ellos se refiere a los factores que lo conducen a la locura, el tipo de enfermedad que lo empuja al colapso psicológico. Se han planteado diferentes hipótesis: desde la idea decimonónica de una suerte de resblandecimiento cerebral, hasta los efectos de una sífilis contraída en su adolescencia. Interpretaciones más recientes nos hablan de una psicosis que culmina en una esquizofrenia crónica. Estamos lejos de haber resuelto este enigma.

Últimamente, sin embargo, ha surgido una línea que busca interpretar la psicología de Nietzsche desde otro lugar. Esta interpretación nos traslada a Taormina, aquella bella ciudad del este de Sicilia, en la provincia de Mesina, en las faldas del volcán Etna. El origen de este lugar se remonta a la ciudad de Naxos, fundada por los griegos alrededor del año 736 a. C. Hasta hace muy poco no se había mencionado algún vínculo entre Nietzsche y Taormina. No existía ninguna evidencia de que Nietzsche la hubiera visitado. Con todo, sabemos que Taormina era un lugar predilecto de la alta intelectualidad europea del siglo diecinueve y primera mitad del siglo veinte. La visitaban figuras destacadas de la cultura como

Goethe, Richard Wagner, Oscar Wilde, D. H. Lawrence, entre otros. En su época fue descrita como un sinónimo educado de Sodoma, pues en ella existía una importante colonia homosexual que marcaba el tipo de vida que en ella tenía lugar.

Es una ciudad muy pequeña construida en la cumbre de una montaña y que posee un bello teatro griego muy bien conservado, desde el cual se observa el Etna. Tiene dos cortas calles principales. La segunda de ellas lleva el nombre de Wilhelm von Gloeden, en memoria de un fotógrafo alemán, homosexual, que residiera en ella durante la segunda mitad del siglo diecinueve. Al morir von Gloeden dejó una gran colección de fotografías de los habitantes y visitantes que acudían a Taormina. Todavía es posible comprar en Taormina libros con selecciones de estas fotografías, muchas de las cuales muestran figuras en posturas provocativas, a menudo desnudas o semidesnudas.

Pues bien, dentro de la colección de fotografías que nos dejara von Gloeden, se ha encontrado una en la que vemos a Nietzsche sentado, desnudo, al lado de dos muchachos de pie, portando unas lanzas, también completamente desnudos. Esta fotografía ha permitido concluir que, aunque Nietzsche no dejara registro de visitas a Taormina, es evidente que la visitó y que muy posiblemente lo hizo varias veces. Sus amigos sabían que Nietzsche solía desaparecer por ciertos períodos, pues les entregaba el número de una casilla de correo en alguna ciudad en la Italia continental, donde él luego recogía su correspondencia. La misma foto permite pensar que tenía inclinaciones homosexuales, de lo cual tampoco se disponían antecedentes. ¿Fue éste quizás tu secreto, gran Nietzsche?[3] Quizás.

---

[3] En *El nacimiento de la tragedia*, Nietzsche súbitamente irrumpe desde su texto para interpelar a Sócrates. Refiriéndose al creciente miedo frente a la ola de pesimismo que entonces afectaba a la cultura griega, Nietzsche pareciera mirar a Sócrates directamente a sus ojos para preguntarle: «¿Fue éste quizás tu secreto, gran Sócrates?».

Joaquim Köhler ha escrito un libro en torno a este hecho, titulado *El secreto de Zaratustra*, en el cual busca interpretar la filosofía de Nietzsche a partir de su supuesta homosexualidad. Los argumentos que nos proporciona Köhler son muchas veces discutibles. Personalmente, no creo que los muchos misterios que ha despertado la filosofía de Nietzsche se iluminen de manera particular a partir de su posible homosexualidad. Pero, aunque no sigamos a Köhler en sus conclusiones, la fotografía existe y nos ofrece un dato interesante. Ella nos permite aventurar, por ejemplo, que la defensa que Nietzsche hace del éxtasis sexual no es tan sólo una conclusión teórica, sino que pueda estar sustentada en experiencias muy concretas de su vida. Ello nos conduce a una eventual faceta sobre la vida de Nietzsche, de la que previamente no teníamos antecedentes. Su misma invocación del espíritu dionisíaco permite ser ahora vista con otros ojos. Ésta es sin duda una información que no puede ser omitida si deseamos acceder a una mejor comprensión de este gran filósofo.

LA FILOSOFÍA DE NIETZSCHE

Una filosofía históricamente situada

Para comprender adecuadamente la filosofía de Nietzsche resulta indispensable situarla en la historia. De lo contrario es muy difícil entender aquello de lo que Nietzsche busca hacerse cargo con su propuesta filosófica. De alguna manera, toda propuesta filosófica está situada en la historia. Ninguna se realiza fuera de ella. Nietzsche lo sabe. Una de sus acusaciones a los filósofos es su prescindencia del sentido histórico de sus respectivas filosofías.

En *Humano, demasiado humano,* señala:

> [...] todo lo que el filósofo sostiene sobre el hombre no es sino básicamente un pronunciamiento sobre el hombre en un período muy limitado de tiempo. La ausencia de sentido histórico es el defecto congénito de todos los filósofos.

Pero en el caso de su filosofía, la relación con la historia tiene un peso determinante. Lo que Nietzsche nos plantea, a diferencia de lo que sucede con muchas otras propuestas filosóficas, se inscribe de manera explícita en un esfuerzo por resolver lo que él considera una profunda crisis en la historia de la humanidad.

Para dilucidar la manera particular en que la filosofía de Nietzsche se inscribe en la historia es necesario desarrollar una doble mirada. Por un lado, es indispensable situar su propuesta filosófica en el desarrollo histórico del pensar filosófico. Ello nos proveerá una primera clave de importancia. Por otro lado, será también necesario relacionar su filosofía con el particular diagnóstico que Nietzsche hace de lo que está aconteciendo en su época y con su manera de interpretar las raíces más profundas de la crisis de la modernidad. En *Ecce Homo*, refiriéndose a su libro *Más allá del bien y del mal*, escribe:

> Este libro es en lo esencial una «crítica a la modernidad».

Será importante separar estos dos aspectos para luego examinar como Nietzsche los hace converger. Es lo que haremos a continuación.

Sobre la historia del pensamiento filosófico

La primera hebra que consideramos necesario seguir nos obliga a situarnos en el interior del desarrollo del pensar filosófico y hacerlo a partir del nacimiento mismo de la filosofía. Al respecto, daremos una visión muy general y esquemática, pues hemos abordado este tema más extensamente en otra parte.[1] Como bien sabemos, el nacimiento de la reflexión filosófica nos conduce a la antigua Grecia, particularmente a Jonia, aquella parte del mundo griego integrada por diversas ciudades de Asia Menor. Esta referencia a la antigua filosofía griega es un aspecto característico de la filosofía de Nietzsche, para quien la filosofía griega representa una «filosofía arquetípica». Ello implica que ella expresa la estructura y las opciones básicas de todo pensar filosófico. Esta idea la vemos recogida, por ejemplo, en *Humano, demasiado humano*, cuando escribe:

> [...] en casi todos los sentidos, los problemas filosóficos de hoy están nuevamente formulados tal como lo fueran dos mil años atrás.

En la Grecia de entonces, diversos individuos iniciaron lo que hoy conocemos como reflexión filosófica, al formular una pregunta que buscaba dilucidar el «principio» (el *arkhé*) de todos los fenómenos naturales. El significado de este «principio» era múltiple y de alguna manera integraba tres aspectos: origen, fundamento y gobierno, cada uno de ellos ligados también al término castellano «principio». La misma pregunta fue pasando de mano en mano y las respuestas que cada uno de pensadores

[1] Ver, a este respecto, el capítulo «El nacimiento de la filosofía en Grecia», en Rafael Echeverría, *Raíces de sentido: sobre egipcios, griegos, judíos y cristianos*, J. C. Sáez Editor, Santiago, 2006.

ofrecieron fueron muy diferentes. Para Tales de Mileto, la respuesta fue el agua; para Anaximandro, lo indefinido (el *apeiron*); para Anaxímenes, el agua; para Empédocles el principio estaba integrado por cuatro elementos: el agua, el aire, la tierra y el fuego; y así sucesivamente.

Alrededor del año 500 a. C., sin embargo, se levantaron frente a esta pregunta dos concepciones antagónicas. En el extremo oriental del mundo griego, en la ciudad de Éfeso, entonces bajo protectorado persa, Heráclito planteó que el principio de todo lo existente se expresaba a través de tres términos o tres imágenes diferentes: el devenir, el fuego y el *logos*, la palabra. Para Heráclito, nada permanecía siendo lo mismo en el tiempo. Todo se halla en un proceso de devenir y transformación permanentes. Nada, sostenía Heráclito, es de una forma determinada y estable. Pero Heráclito acometía algo más: daba vuelta la pregunta por los fenómenos naturales, concebidos éstos como algo externo, y proclamaba: «Indagué en mi propia naturaleza». Con ello inauguraba la reflexión filosófica sobre el fenómeno humano.

En el extremo occidental del mundo griego, en la ciudad de Elea, en el sur de Italia, Parménides sostenía exactamente lo opuesto a lo señalado por Heráclito. Para Parménides, el fundamento y principio de todo lo existente es el ser y éste es eterno e inmutable. El cambio, señalaba Parménides, aquello que Heráclito había colocado en el centro de su propuesta, no es sino una ilusión que resulta del efecto distorsionador de nuestros sentidos. Nada cambia. Todo es, siempre ha sido y siempre seguirá siendo lo mismo.

A partir del cambio en la dirección de la reflexión filosófica que había iniciado Heráclito, en la mitad del siglo V a. C. se desarrolló un importante movimiento, conocido como el movimiento sofista, que recogió la influencia del pensar heracliteano. Los sofistas devinieron los primeros profesores profesionales que conoció la historia de Occidente. Así como Hipócrates había iniciado el estudio de la medicina y del cuerpo humano con el propósito de curar las enfermedades, los sofistas se plantearon como tarea utilizar el poder del lenguaje (cuya importancia ya había sido invocada por Heráclito) para diagnosticar y curar el alma humana.

Uno de los objetivos que se impusieron los sofistas era producir hombres virtuosos, que fueran capaces de alcanzar la excelencia, distinguirse y ganar posiciones en el seno de sus comunidades. El instrumento fundamental para lograrlo era el desarrollo de competencias conversacionales. Para ello enseñaban el manejo efectivo de las distintas acciones de lenguaje con el ánimo de desarrollar en los jóvenes capacidad de persuasión en el interior de sus comunidades. En una sociedad democrática como la que entonces existía en un número significativo de *poleis* griegas, la convivencia social se regía por los acuerdos alcanzados por la palabra. Cuando esta capacidad se rompe, la integración social debe normalmente recurrir a la violencia y a la imposición. Los principales sofistas eran, por lo general, promotores de una convivencia democrática.

Desde el interior del movimiento sofista, surgió en Atenas un filósofo que modificó el papel hasta entonces asumido por la filosofía. Para muchos, fue el verdadero fundador de la filosofía, término que antes de él no había sido incluso acuñado. Nos referimos a Sócrates. Sócrates fue el primer filósofo de la vida. Ésta era una temática completamente nueva para la reflexión filosófica. La principal inquietud de Sócrates era reflexionar sobre el significado del bien vivir y las virtudes o principios-guías que lo habilitan.

De lo propuesto por Sócrates en este momento nos interesa destacar tan sólo dos aspectos.[2] El primero de ellos apunta al hecho de que Sócrates al fundar la primera filosofía de la vida

---

[2] Para una análisis más extenso sobre Sócrates ver mi sección «El nacimiento de la filosofía en Grecia», *op. cit.*, pp. 248-263.

encara una encrucijada. Se le abren dos caminos, dos opciones diferentes. Por un lado, seguir el camino de Heráclito o bien optar por el camino de Parménides.

Diógenes Laercio nos señala la admiración que Sócrates habría manifestado por Heráclito, sosteniendo, sin embargo, que había mucho en su filosofía que no lograba entender plenamente. Diógenes Laercio nos reporta:

> [...] dicen que Eurípides, que le había entregado a Sócrates una copia del libro de Heráclito, le preguntó qué pensaba de él. Éste respondió: «Lo que entiendo es excelente, y creo que lo que no entiendo también lo es, pero pienso que se necesitaría de un buceador de Delos para llegar a su fondo».[3]

Los buceadores de la isla de Delos eran famosos por su habilidad para extraer perlas del fondo del mar. Al parecer Sócrates no tenía alma de buceador. El hecho es que optó por construir su filosofía de la vida apoyándose en Parménides y en su noción de ser, en vez de seguir el camino del devenir y la transformación sugerido por Heráclito.

Resulta interesante examinar a partir de lo anterior los diálogos platónicos que involucran a Sócrates. En términos generales, se observa que Sócrates procuraba persuadir a su interlocutor de que, a pesar de su creencia de entender el sentido de una determinada virtud, en rigor era ignorante de ella, pues no era capaz de remitirla al ser que le confería su real sentido. El objetivo de Sócrates era instalar en su interlocutor la perspectiva del ser, expresada en ideas abstractas y universales, a partir de la cual éste pudiera acceder a la verdad trascendente en la que toda virtud descansa y, desde allí, orientar la vida por la senda del «bien vivir». Esto, consideramos, es el propósito central del quehacer socrático.

---

[3] *op. cit.*, p. 233.

La noción parmenídea del ser, que para Sócrates representó en un recurso orientador de sus indagaciones, fue convertida posteriormente por Platón, su discípulo, en la piedra angular de toda reflexión filosófica. El tránsito de Sócrates a Platón marcó la inauguración de una reflexión propiamente metafísica. Poco tiempo después, Aristóteles, discípulo de Platón, a partir de algunos desacuerdos con su maestro, inauguró un camino alternativo de reflexión metafísica. A esta última se podrá llegar, por lo tanto, siguiendo estas dos grandes opciones: aquella representada por Platón y aquella que nos ofrece Aristóteles. Ambos se convertirán en los dos grandes pilares de lo llamaremos «el programa metafísico».

Estos dos grandes filósofos, Platón y Aristóteles, tuvieron el gran mérito de desarrollar dos grandes sistemas filosóficos, sistemas que por lo general tienden a cubrir el conjunto de los dominios de reflexión filosófica. Desde la noción de ser de Parménides, se levantaron imponentes edificios a través de los cuales se buscó dar cuenta del conjunto de la realidad. Esto es precisamente lo central de la metafísica: ella ofrece las coordenadas básicas para pensar la realidad. Esto representa innegablemente una novedad frente a las reflexiones previamente ofrecidas por Sócrates, siempre referidas a su preocupación central: determinar en qué consiste el «bien vivir».

Lo que en Platón se constata en su reflexión sobre la realidad, en Aristóteles es conducido algo más lejos. En la *Metafísica,* éste se preocupó por explicitar el carácter de su propia mirada metafísica. Sin embargo, esta obra puede ser leída desde distintas perspectivas. La más habitual es aquella que busca explicar la concepción que Aristóteles desarrolló al respecto. Pero es posible asumir otra perspectiva y preguntarse no sólo por aquello que Aristóteles expuso, sino preguntarse contra quién o contra quiénes lo hizo. En otras palabras, cuáles fueron los adversarios del pensar aristotélico, contra quiénes están dirigidos sus argumentos o, dicho de otra forma, a quiénes buscaba invalidar. La respuesta a esta pregunta es reveladora: la *Metafísica* está escrita para demostrar que tanto Heráclito como los sofistas estaban equivocados.

Durante el resto de la Antigüedad, la metafísica debió enfrentarse a otras corrientes filosóficas que, con grados de influencia desiguales, se desarrollaron en el período helenístico en Grecia y luego durante el período romano. Una de estas nuevas corrientes fue el estoicismo, corriente en la que el pensamiento de Heráclito ejerció una clara influencia. El estoicismo fue una corriente muy afín a la sensibilidad filosófica de Nietzsche. Por otro lado, en el período romano, se desarrolló aceleradamente una corriente cultural de carácter muy distinto, la que, progresivamente, influyó de modo creciente en la manera de pensar y encarar la vida de los hombres y mujeres de la época. Nos referimos al cristianismo.

Durante el período del emperador Constantino, el cristianismo accedió al poder imperial romano, se apropió del Estado y pronto se convirtió en la religión oficial del imperio. En este nuevo contexto político se inició un proceso cultural muy diferente: la progresiva fusión del cristianismo con la propuesta metafísica. Esta fusión tendió a consolidarse durante la Edad Media. Dos hitos merecen destacarse en este proceso: el primero está representado por el pensamiento teológico de Agustín, que, en el siglo IV, produjo una integración entre el cristianismo y la metafísica de Platón; el segundo, en el siglo XIII, corresponde a Tomás de Aquino, cuya teología se inspira en la metafísica de Aristóteles.

Esta fusión entre el cristianismo y la metafísica consolidó *la hegemonía del programa metafísico*, el que devino en columna vertebral no sólo de la reflexión filosófica, sino también del conjunto de la reflexión teológica. A partir de esta consolidación hegemónica, el desarrollo filosófico posterior se realizó en el interior del marco de presupuestos planteados por la metafísica. Ello condujo, más adelante, a que Alfred North

Whitehead sostuviera que la historia de la filosofía occidental no es sino una nota al pie de página, un mero comentario, de la filosofía de Platón. Hay, sin duda, algo exagerado en ello, pero expresa el reconocimiento del carácter hegemónico que alcanzó el programa metafísico.

La importancia de la hegemonía del programa metafísico no sólo se manifestó en los desarrollos propiamente filosóficos que hubo a partir de ese momento. El mayor impacto que resultó de ello guarda relación con efectos que tuvieron lugar más allá del ámbito del pensar filosófico. El principal efecto de la hegemonía metafísica se produjo en la influencia que sus premisas tuvieron en la conformación del sentido común de los hombres y mujeres occidentales.

El núcleo del sentido común occidental devino tributario del programa metafísico. Ello implica que la metafísica se convirtió en la unidad básica de la mirada de individuos que estaban completamente alejados del pensamiento filosófico y que muchas veces no sabían ni habían oído hablar de filosofía. La metafísica se modelaba, sin ellos saberlo, en la estructura básica de su mirada del mundo, de la vida, de los demás y de ellos mismos. Todos devinimos metafísicos, la gran mayoría sin estar siquiera consciente de ello. La Iglesia, dado el rol que asumió durante toda la Edad Media, cumplió un papel de fundamental importancia en este proceso de socialización de la mirada metafísica.

Las cuatro premisas básicas del programa metafísico

¿En qué consiste el programa metafísico? ¿Cuál es la estructura básica de su mirada? ¿Cuál es ese «núcleo básico» al que nos hemos referido? Hay diversas respuestas a estas preguntas; éste es un tema en el que podríamos profundizar por mucho tiempo. Lo que buscamos –no lo olvidemos– es situar el pensamiento de Nietzsche y, por lo tanto, nos circunscribiremos a lo que nos parece fundamental para comprenderlo. Desde esa perspectiva, sostenemos que el núcleo básico del programa metafísico puede resumirse en cuatro grandes premisas.

1. El sentido de este mundo y de esta vida está conferido por un mundo y una vida situados más allá.

En primer lugar, es un rasgo propio de la mirada metafísica ofrecer una concepción de la realidad conformado por el postulado de su carácter dual. La realidad no es una, nos dice la metafísica, sino que está conformada por dos órdenes de realidad diferentes. El primer orden es aquel que detectamos con nuestros sentidos y que se nos manifiesta directamente en nuestras experiencias. Se trata del mundo físico del que nos hablaban los presocráticos. Para los metafísicos el mundo de los sentidos y de las experiencias es un mundo distorsionado, es un mundo falso. El sentido de ese mundo, sostienen los metafísicos, no reside en su interior y es por lo tanto vano buscarlo dentro del mundo físico o natural. El sentido del mundo físico, postulan ellos, se encuentra más allá (*meta*) de la naturaleza (*physis*). Es este segundo orden abstracto y trascendente el que le confiere sentido al mundo concreto de la experiencia.

Platón opone al mundo de las experiencias sensibles el mundo de las formas abstractas e inmutables. Su alegoría de la caverna apunta precisamente a ello. Ella busca mostrarnos que lo que vemos con los sentidos son imágenes distorsionadas, sombras producidas por una luz a la que no accedemos, pues está a nuestras espaldas, pero que produce las figuras que percibimos. Aristóteles dividirá la realidad en dos pisos: el mundo de las apariencias, al que accedemos con los sentidos, y el mundo profundo de las esencias inmutables.

2. La noción del ser como eterno e inmutable

La segunda gran premisa del programa metafísico se refiere a la noción del ser, propuesta inicialmente por Parménides. Aquel mundo trascendente es un mundo en que encontramos el real ser de las cosas. El sentido de cualquier cosa le está conferido por su ser, un ser eterno e inmutable que habita el mundo trascendente que está más allá de las experiencias que nos muestran nuestros sentidos. Cada vez que procuramos referirnos a cómo una cosa es, ello representa un intento por acceder a su ser y con ello se expresa una primera intuición que nos dirige hacia el ser, hacia el mundo trascendente en el que tal ser habita. Ese ser se manifiesta por lo tanto en todo aquello que percibimos con los sentidos, en aquello que conforman los materiales de nuestras experiencias, pero reside fuera de la experiencia sensorial. La noción del ser, por lo tanto, está detrás de todo lo que existe y está presente, de manera más o menos explícita, en todo intento por conocer lo que existe.

Una de las tareas que se propone la metafísica es acercarnos de manera general al ser de las cosas y hablarnos incluso del ser que está detrás del ser de todo lo existente. ¿En qué consiste el ser? O, dicho en otras palabras, ¿cuál es el ser del ser? Ello conduce a la metafísica a sostener no sólo que cada cosa que vivimos y experimentamos posee su propio ser, sino que esos distintos seres no son sino la expresión de un único Ser general, con mayúscula. Es fácil reconocer la simetría formal que exhibe ese razonamiento filosófico con el presupuesto cristiano que detrás de todo lo que existe se encuentra un Dios único. En todo lo que existe se nos manifiesta la presencia de Dios, la presencia del Ser.

¿Cuáles son los atributos de ese Ser? Ya Parménides se había referido a ellos. Los atributos del Ser, señala la metafísica clásica, son cuatro: presencia, unicidad, permanencia y eternidad. La presencia apunta al hecho de que el Ser se manifiesta, se expresa en el mundo de la experiencia. El Ser se revela, de la misma manera como Jehová se le reveló a Abraham o a Moisés. La unicidad implica que el Ser es en último término uno y, por lo tanto, en el ser de cada cosa se expresa a su vez ese Ser único, el Ser de los seres diversos: un sólo Dios, no más. La permanencia nos habla de la inmutabilidad del Ser. El ser no cambia, no se transforma. Por lo tanto todo cambio, toda transformación es la expresión de cambios a nivel de la manifestación del Ser, pero nunca del cambio del propio Ser. El cambio se constituye, en consecuencia, como expresión de las limitaciones de nuestra mirada, que es incapaz de trascender el orden de la experiencia y de acceder al orden inmutable del Ser. Por último, el Ser es eterno. No tiene principio, ni fin; ha existido siempre y siempre existirá.

3. El concepto metafísico de la verdad

La tercera premisa del programa metafísico gira en torno a la noción de verdad. La verdad, para la metafísica, no es sino la expresión de la revelación del Ser. Ese ser que se nos manifiesta de muy distintas maneras, por lo general distorsionadas, sin mostrarse directamente a sí mismo, puede también manifestarse de manera directa. Cuando logramos ver al ser en su plenitud y total luminosidad accedemos a la verdad. La verdad, para la metafísica, consiste en acceder al ser de las cosas, así como la Verdad (con mayúsculas) implica acceder al Ser único y supremo y a su luz. La noción de verdad para los griegos se expresaba con el término *aletheia*, término que significaba manifestación, revelación, en último término, epifanía. La verdad apunta a la capacidad del ser de mostrarse, de revelarse, como se reconocía en el primer atributo del ser: presencia.

4. La primacía de la razón en los seres humanos

La cuarta y última premisa nos habla no sólo del Ser sino de la relación de los seres humanos con él y de nuestra capacidad para acceder a él y, por lo tanto, de alcanzar la verdad. Así como el Ser se nos puede simplemente revelar, de manera inversa los seres humanos tenemos la capacidad de acceder a él. Esta vez se trata del proceso inverso, de un proceso que parte de los seres humanos y se dirige hacia el Ser y la Verdad. Ello implica postular un camino que conecte a los seres humanos con el Ser. Ese camino, para los metafísicos, es la razón.

La razón, para éstos, es el atributo fundamental de los seres humanos, atributo a través del cual participamos en el Ser y simultáneamente nos permite acceder a él. El ser humano, sostienen los metafísicos, es un ser eminentemente racional. Esto es lo que nos diferencia de los animales y aquello que constituye la especificidad misma de lo humano. Nuestra humanidad, por lo tanto, se confunde con nuestra racionalidad. El mundo de nuestras pasiones y el dominio de nuestra corporalidad son lo que tenemos en común con los animales; son parte de nuestra animalidad y no de nuestra humanidad.

Ésa fue la premisa central de la mirada al ser humano propuesta inicialmente por Sócrates y preservada posteriormente por el programa metafísico. El programa metafísico se articulaba, en consecuencia, en torno a cuatro pilares: el carácter dual de la realidad, el ser, la verdad y la razón.

Nietzsche y su época

Sostuvimos que para situar la propuesta de Nietzsche en la historia era necesario, primero, situarla en la propia historia del pensamiento filosófico. Es lo que acabamos de hacer, con brocha gorda, en las dos secciones anteriores. En segundo término, es necesario situar su propuesta en la época en la que vivió Nietzsche y explorar el diagnóstico que él hace sobre ella. Su filosofía, como veremos, es su respuesta para superar lo que él considera la más profunda crisis de su época y posiblemente la mayor crisis en la historia de la humanidad.

La segunda mitad del siglo diecinueve fue una época de profundos cambios. Europa se había visto sacudida progresivamente por movimientos de todo tipo, los que habían socavado los fundamentos de sus tradiciones. La Reforma religiosa había desafiado exitosamente el poder de la Iglesia, desde hacía ya más de tres siglos, y se había consolidado en varios países europeos, incluyendo Alemania. Lutero se había atrevido a enfrentarse a la Iglesia romana, provocando la insurrección de los campesinos alemanes para promover una modalidad de cristianismo que establecía una relación directa y personal entre el creyente y Dios, entre el creyente y los textos sagrados, relación que no requería de la mediación obligada de la institución de la Iglesia, tal como se había establecido en el Medioevo. No olvidemos que Nietzsche nació en un ambiente profundamente luterano.

En Francia, la Revolución había propinado un golpe mortal al régimen monárquico, instaurando la república y difundiendo sus ideales libertarios e igualitarios por toda Europa a través de las guerras napoleónicas de comienzos del siglo diecinueve. La noción de poder se trastocaba. El soberano dejaba de ser el rey, que invocaba a Dios para sustentar su autoridad personal sobre la sociedad. La república plantea que el soberano es el pueblo, el ciudadano ordinario, y que el poder debe ser administrado en representación de él y rindiéndole cuenta de su gestión.

La revolución industrial sacudió las bases de la estructura económica. La producción campesina, de base feudal, y artesana desarrollada en las ciudades cedió lugar al nacimiento de la industria. El capitalismo se desarrollaba. Ello provocó masivas migraciones hacia las ciudades, creando amplios sectores sociales que presionaban por nuevas condiciones de trabajo, muchos de los cuales se sumían en condiciones extremas de pobreza y desamparo. En muy diversos países emergieron nuevos movimientos sociales y políticos, creando convulsiones que se expresaron en los alzamientos de 1848, preámbulos de aquellos que se desarrollaron luego en 1871. Europa se encontraba en ebullición política.

En el campo de la cultura y las ideas, las convulsiones no eran menores. Desde hacía más de dos siglos, la ciencia lograba avances que previamente habrían resultado imposibles de imaginar. El poder del pensamiento daba la impresión de no tener límites. Newton parecía haber descubierto las leyes básicas del universo físico. En el campo filosófico se había puesto en cuestión el pensamiento escolástico de la segunda mitad de la Edad Media. Los avances de la razón y de las investigaciones empíricas crearon un nuevo clima intelectual y el pensamiento de la Ilustración tendió a relegar la religión a un papel defensivo y secundario. Se sentían los aires de cambio y de renovación. El criterio de la autoridad, basado en la tradición, perdió crecientemente autoridad. Éste es el cultivo en el que se desarrollaron también los pensamientos socialista y anarquista del siglo diecinueve, que colocan la mirada en las condiciones económicas y políticas de la sociedad de entonces.

La mirada de Nietzsche fue sin embargo muy diferente y, sin dudas, mucho más profunda. A pesar de todos los cambios que acontecían a ojos del mundo europeo, éste, según Nietzsche, seguía todavía cautivo de una concepción de la vida y del ser humano desarrollada por los metafísicos, la que lograba sobrevivir, no sin algunos cuestionamientos, pero que en lo fundamental no era seriamente puesta en duda ni mucho menos sustituida. Nietzsche no se preocupaba particularmente de la economía y la política, como, por ejemplo, lo hizo Marx. Su interés no estaba puesto en acometer reformas sociales, políticas o económicas. Nietzsche colocaba en su mira la cultura y, de manera especial, los fundamentos de la moral. Su objetivo era repensar el fenómeno de la existencia humana e iniciar una reflexión crítica sobre el carácter del ser humano. En este campo, pareciera sostener Nietzsche, no nos hemos renovado. Seguimos siendo hijos de un lejano pasado.

Cuando se respondía a las preguntas sobre el carácter de la vida y del ser humano, las respuestas que se entregaban eran todavía tributarias de presupuestos establecidos más de dos milenios atrás. De una u otra forma, y sin por ello negar la acumulación de tensiones y contradicciones, la respuesta que los metafísicos nos proporcionaban sobre lo que significa ser humano seguía siendo el marco establecido de la reflexión filosófica posterior y el sustrato de nuestro sentido común. La ausencia de una mirada alternativa coherente, capaz de disputar la hegemonía alcanzada históricamente por el programa metafísico, continuaba asegurando su autorreproducción, a pesar de múltiples señales que expresaban que su capacidad de interpelación se debilitaba progresivamente.

La emergencia del nihilismo

Desde el momento en que alcanzó su hegemonía, el programa metafísico proporcionó el marco general a partir del cual los seres humanos hemos observado el mundo, nos hemos relacionado con los demás y hemos establecido diversas modalidades de convivencia con ellos. A partir de él, hemos conducido nuestras indagaciones acerca de nosotros mismos y, por sobre todo, hemos conducido el conjunto de nuestra existencia. Nuestra capacidad de conferir sentido a nuestras vidas ha estado condicionada por sus premisas.

En un primer momento, el programa metafísico representó una gran reserva a la que acudíamos cuando requeríamos saciar nuestra sed de sentido y cumplía cabal y eficientemente con esa función. Pero aquello que durante un tiempo importante fue su fortaleza fue deviniendo progresivamente su principal debilidad. El pozo de sentido que antes proveía las respuestas de sentido que buscábamos se fue secando paulatinamente.

Una nube de sinsentido fue poco a poco creciendo y nuestros esfuerzos por evitarla resultaban a menudo infructuosos. Las respuestas que obteníamos de la metafísica no lograban calmar nuestra sed de sentido. El programa metafísico comenzó a resquebrajarse, no porque hubiera quienes procuraban hacerlo, sino porque él mismo se mostraba incapaz de cumplir las funciones del pasado, contribuyendo con ello a hacer crecer el malestar, el distanciamiento y la crítica.

Progresivamente se impuso el triunfo del sinsentido sobre la capacidad de los seres humanos de proveerse el sentido que les resulta indispensable para poder vivir. El nihilismo representaba la inmensa atracción del vacío, de la nada, del abismo, que tanto en la época de Nietzsche como actualmente golpea al ser humano moderno.

El tema del nihilismo es uno de los más importantes desarrollados por Nietzsche y creemos importante traer a este respecto su propia palabra. En sus notas tardías, publicadas bajo el título de *La voluntad de poder*, Nietzsche señala:

> *Todo carece de sentido* (el hecho de que aquella interpretación del mundo, en la que inmensa cantidad de energía fue depositada, deviene insostenible, despierta la sospecha de que todas las interpretaciones del mundo son falsas).

Más adelante añade:

> ¿Qué significa el nihilismo? *El que los más altos valores se devalúan.* El propósito se pierde; el *¿por qué?* no encuentra respuesta.

Para Nietzsche, la raíz del nihilismo reside en las propias premisas del programa metafísico. Son esas premisas las que han entrado en crisis y generan esa sensación de vacío y sinsentido. También en *La voluntad de poder*, Nietzsche advierte:

> Un hombre nihilista es aquel que considera que el mundo que es, *no* debiera ser, y que el mundo que debiera ser, no existe. De acuerdo a este punto de vista, nuestra existencia (acción, sufrimiento, voluntad, sentimiento) no tiene sentido.

> Nuestra interpretación ha colapsado; por cuanto fue considerada *la* interpretación ahora pareciera como si la existencia no tuviera ningún sentido, como si todo fuera en vano.

> La creencia de que no existe la verdad [metafísica], la creencia nihilista, es una gran relajación para quien, como un guerrero del conocimiento, está luchando sin cesar contra las verdades horribles. Pues la verdad es horrible.

> La causa del nihilismo es la fe en las categorías de la razón.

Aunque vivimos el nihilismo como el sinsentido de nuestra existencia, nos dice Nietzsche, no es la existencia la que está en crisis, sino el tipo de existencia que caracteriza el mundo moderno. Y tal crisis no es otra que la crisis de aquellas interpretaciones propias del programa metafísico que hemos utilizado hasta ahora para conferirle sentido a nuestra existencia. Dice, en *La voluntad de poder*:

> El pesimismo es una forma preliminar del nihilismo.

> El pesimismo moderno es una expresión de la inutilidad del mundo moderno y no del mundo de la existencia.

El nihilismo expresa algo todavía más profundo. La crisis de las interpretaciones tradicionales, que mantuvieran vigencia por muchos siglos, sumen ahora al hombre en una profunda crisis de sentido. Pero, en vez de percibir que se trata de la crisis de las interpretaciones en las que previamente se cobijaba, vive esa crisis como una crisis de sí mismo: en vez de percibir la posibilidad de hacer a un lado tales interpretaciones y de construir interpretaciones nuevas; en vez de cuestionarlas, el hombre se cuestiona a sí mismo. En la crisis el hombre pierde la fe en sí mismo. En *La genealogía de la moral,* Nietzsche se pregunta: «¿Qué es hoy el nihilismo?». Su respuesta: «Estamos cansados del *hombre*».

Nietzsche creía percibir en su época las primeras señales del nacimiento del nihilismo. El fenómeno se encontraba en sus albores y, en su opinión, la crisis del nihilismo no podía sino radicalizarse en el futuro. En la medida que lo hiciera, se crearían las condiciones para reconocer que sus causas no son otras que las propias premisas del programa metafísico.

Dice en *La voluntad de poder*:

> Intuición básica en relación a la naturaleza de la decadencia: sus causas supuestas son sus consecuencias.
>
> [...] el *completo nihilismo* es la consecuencia necesaria de los ideales abrigados hasta ahora.
>
> El nihilismo representa un estadio transicional patológico [...] en el que las fuerzas productivas todavía no son suficientemente fuertes, o en el cual la decadencia todavía balbucea y no ha inventado todavía sus remedios.

Ello nos obliga a cuestionar los valores que hasta este momento nos han servido para conferirle sentido a nuestra existencia y avanzar hacia la construcción de una mirada de la vida radicalmente diferente. El nihilismo es, por lo tanto, una fuerza poderosa, a la que es preciso sumarse para resolver la profunda crisis que a través de él encara hoy la humanidad. Ello implica que el nihilismo no es sólo el problema, sino también la condición de su propia solución. Ello le impone a Nietzsche una mirada ambigua frente al nihilismo. A la vez que lo denuncia, simultáneamente lo proclama. Para Nietzsche es importante convertirse al nihilismo y esperar que éste se desarrolle y complete. Entonces estaremos en condiciones de superar la crisis de sentido que nos impone. El mismo Nietzsche, quien en *La voluntad de poder* se define como «el primer perfecto nihilista de Europa», dice en la misma obra:

> Describo lo que viene, aquello que no puede dejar de producirse: *el advenimiento del nihilismo.*
>
> [...] debemos experimentar el nihilismo antes de descubrir el valor que poseían nuestros *valores*. Requerimos, a veces, de *nuevos valores*.

> [...] el nihilismo, como la negación de un mundo *verdadero*, un mundo del ser, puede ser una manera de pensar divina.

> [...] la última forma de nihilismo tiene lugar: ella incluye el rechazo de cualquier mundo metafísico y prohíbe cualquier creencia en un mundo *verdadero*.

> *Nuestro* pesimismo: el mundo no tiene el valor que le asignábamos [...] Resultado inicial: el mundo pareciera sin sentido; así es como lo experimentamos inicialmente. Es sólo de esta forma que somos pesimistas; vale decir, en nuestra determinación para permitirnos esta reevaluación de nosotros mismos sin reservaciones y dejando de contarnos cuentos, mentiras, a la antigua usanza. Ésta es precisamente la manera como encontramos el *pathos* que nos impulsa a la búsqueda de *nuevos valores*.

Nietzsche concibe, por lo tanto, un nihilismo positivo. Un nihilismo que acepta que la existencia no tiene conferido de antemano un sentido que proviene desde fuera de ella, desde un mundo trascendente, de un ser único, eterno e inmutable. La existencia no tiene un objetivo predeterminado, no posee una dirección preestablecida. En la medida en que la creencia en ese supuesto mundo «verdadero» se derrumba, la existencia se nos presenta en un primer momento como carente de todo sentido. El piso en el que ella se sustentaba pareciera haberse desfondado. El cielo se nos vino abajo.

Citamos nuevamente *La voluntad de poder*:

> La existencia no tiene objetivo, ni fin; cualquier unidad comprehensiva en la pluralidad está ausente; el carácter de la existencia no es *verdadero, es falso* [...] las categorías de «fin», «unidad», «ser», que usábamos para proveerle valor al mundo se nos han sustraído: por lo tanto el mundo parece *sin valor*.

No obstante, disponemos de la opción de replantearnos el problema del sentido de la vida. El ser humano requiere del sentido para sostener y conducir su existencia. Sin embargo, no es del Ser ni de Dios de quien debe esperarlo. Tal sentido es algo que ahora el propio ser humano debe aprender por sí mismo a generar. Ello representa el desafío más importante de su existencia.

Nietzsche, profeta de una nueva era

Nietzsche fue el primero en diagnosticar el nihilismo y anunciar el advenimiento de una nueva era. En su caso ya no se trata de acometer cuestionamientos parciales frente a la metafísica, como se insinuaban desde otras trincheras de la filosofía moderna. Nietzsche articula el fenómeno del nihilismo e identifica su raíz, como nadie lo había hecho antes que él. Su sentencia es terminante: el programa metafísico se ha agotado y ha dejado de proveer el sentido que los seres humanos necesitan para vivir. Es necesario terminar con él, derrumbarlo por completo para construir en su lugar una concepción radicalmente diferente de la vida y del ser humano.

Ello no niega que algunos, como por efecto de la inercia, puedan seguir apegados a él. Pero ellos serán cada vez menos y su propio sentido de vida sufrirá los estragos del colapso de las premisas que previamente nos guarecían. Nietzsche no sólo nos llama a hacernos a un lado para evitar los efectos de un derrumbe inevitable. Simultáneamente nos invita a que precipitemos su caída. Mientras antes reconozcamos que la estructura del antiguo edificio ya no es capaz de soportarlo, mejor será. Un edificio que no logra soportarse a sí mismo, difícilmente será capaz de sostenernos y menos de cobijarnos. Tanto la tierra como el cielo tiemblan.

Desde la época de Nietzsche, la situación sólo ha empeorado. Es cosa de abrir los ojos y mirar lo que sucede a nuestro alrededor. Los efectos del nihilismo, difíciles de percibir cabalmente en la época de Nietzsche, hoy están a la vista. Las señales del cataclismo metafísico son evidentes y están por todas partes. Enunciarlas resulta una banalidad. Los templos de la metafísica están siendo abandonados masivamente. La fe en sus premisas pareciera disolverse aceleradamente. Las calles se llenan de escépticos, de individuos que buscan con desesperación fuentes alternativas de sentido, fuentes que sin embargo no siempre logran proveer una estabilidad y una satisfacción duraderas.

Surgen por todas partes los encantadores de serpientes, los curanderos, los chamanes, los gurús, los mercaderes de sueños, cuyas pociones, lecciones y recetas exhiben efectos pasajeros para terminar a menudo profundizando nuestra crisis. Algunos, en su confusión, vuelven a los templos previamente abandonados o entran en nuevos templos, para pronto descubrir que ellos también están vacíos, que aquello que buscan ya no se encuentra dentro. Los dioses parecieran haber emprendido el vuelo. El halo sagrado de los templos ha desaparecido. Tenemos la sensación de que los dioses han muerto o que simplemente nos han abandonado. En palabras de Nietzsche, vivimos *El crepúsculo de los ídolos*. Descubrimos que estamos solos, profundamente solos. Hemos devenido náufragos, arrastrados por una deriva, sin saber dónde ésta nos conduce. Sospechamos, sin embargo, que ella pudiera llevarnos al abismo.

El nihilismo y el escepticismo que lo acompaña no son la solución, son tan sólo la expresión del problema, son los términos de un gran desafío que tenemos por delante. Nietzsche, en su genialidad, percibe el problema y nos insinúa caminos de resolución. Pero, por sí mismo, él no busca ni logra resolverlo. Nietzsche, como filósofo, es un francotirador, algunos dirán un agente provocador. Su palabra destruye, hiere, escandaliza. Su voz se convierte en grito agitador. Su filosofía es sacrílega y no puede dejar de serlo. Vivimos tiempos en los que los templos mismos parecieran muchas veces haber devenido lugares de sacrilegio. Hemos salido de la caverna de la que nos hablara Platón y hemos descubierto que afuera, en la intemperie, la luz no existe: sólo reina la oscuridad.

Nietzsche se niega a construir un sistema que pueda servir de base para la producir una concepción alternativa a aquella que pareciera haber entrado en fase de putrefacción. Como él mismo nos indica, su filosofar se hace agitando un martillo. Su objetivo es demoler un inmenso edificio cuyas primeras piedras tienen ya 25 siglos. Nietzsche no es un constructor. Tampoco tiene vocación de arquitecto. Con todo, su filosofía coloca algunos fundamentos y nos entrega determinadas pistas que podemos recoger para asumir el gran desafío histórico que tenemos por delante: avanzar hacia una concepción del ser humano radicalmente diferente. Esto, sin embargo, está por hacerse.

¿En qué consiste la propuesta filosófica de Nietzsche? En lo fundamental, en sostener que el programa metafísico iniciado en Grecia durante el siglo IV a. C., luego de devenir hegemónico a partir de su progresiva fusión con el cristianismo, ha terminado por agotarse y, en la actualidad, compromete profundamente no sólo nuestra existencia y el sentido de vida que estamos obligados a otorgarle, sino también nuestra convivencia con los demás. Después de un ciclo de alrededor de veinticinco siglos, el programa metafísico ha colapsado y comenzamos a sospechar que hemos errado el camino; que hemos llegado a un punto en el que pareciéramos estar en un callejón sin salida.

Para Nietzsche el programa metafísico ha terminado por convertirse en una suerte de camisa de fuerza, que limita la inmensa capacidad transformadora de que disponemos los seres humanos. Ésta es una capacidad transformadora que puede desplegarse en dos sentidos diferentes: la transformación del mundo, que se manifiesta en nuestra capacidad de emprender, y la transformación de nosotros mismos, que se vincula con nuestra enorme capacidad de aprender. Su filosofía busca liberar ese gran poder de transformación del que disponemos, entendiendo que éste nos proveerá del sentido de vida que nuestra existencia requiere y que el programa metafísico ha dejado de proporcionarnos.

El nihilismo es para Nietzsche la expresión del agotamiento del programa metafísico y de la vigencia que todavía mantienen sus premisas en nuestro sentido común y en los valores en que éste se apoya. Los valores que sustentamos, nos señala Nietzsche, han entrado en contradicción con las exigencias de sentido que resultan de nuestra existencia.

Sólo lograremos superar la crisis del nihilismo, según Nietzsche, una vez que seamos capaces de cruzarlo, de atravesarlo y de seguir hacia una profunda reevaluación de nuestros valores. Ello implica acometer un profundo cuestionamiento de las premisas metafísicas, de manera que sea posible dirigirnos hacia la construcción de valores radicalmente diferentes, a partir de los cuales podamos recuperar nuestra capacidad de conferirle sentido a la existencia y de inaugurar nuevas modalidades de convivencia.

Pero no estamos allí todavía. La filosofía de Nietzsche no es sino una invitación a avanzar por ese camino. Ella nos plantea un desafío y nos señala una dirección. De allí su carácter eminentemente profético, pero no en el sentido de un vaticinio de un futuro por venir, sino en el sentido de una interpelación que nos llama a construirlo. La filosofía de Nietzsche nos muestra la posibilidad de diseñarlo nosotros mismos. El mundo del que Nietzsche nos habla es un desafío al emprendimiento. Se trata de un mundo que requiere ser generado.

La vuelta al origen del programa metafísico

Si el programa metafísico está en crisis y requiere ser sustituido, es importante preguntarse cómo se inició y cuál era el mundo en el que se vivía antes de que éste surgiera. Según Nietzsche, el siglo V a. C. en Grecia fue un siglo muy especial; en él los griegos produjeron sus contribuciones culturales más sobresalientes, pero también comenzaron a verse señales de su decadencia. El primer análisis que Nietzsche hace de ese proceso lo encontramos en *El nacimiento de la tragedia,* en donde propone dos vectores para examinar los fenómenos culturales.

Según la interpretación desarrollada por Nietzsche, en la primera mitad del siglo V a. C. se produjo una tensión entre lo que el filósofo llama los componentes apolíneo y dionisíaco en la cultura griega. Lo apolíneo privilegia el orden, la armonía, la forma. Todo orden, por ser tal, posee un componente apolíneo. Pero este componente presupone a la vez su opuesto, su sombra. La sombra del orden da cuenta de lo que el orden debe obligadamente excluir para instituirse como tal. Éste es el componente dionisíaco de todo orden, componente que reúne las dimensiones más profundas, misteriosas e incontrolables del alma humana. Aquello que queda excluido no está nunca ausente y entra en tensión con los elementos apolíneos del orden.

Esas dos fuerzas, lo apolíneo y lo dionisíaco, están siempre presentes en el fenómeno humano y, para producir fenómenos culturales de grandeza, ambas requieren expresarse en sus obras.[4] «Uno debe seguir teniendo caos dentro de sí para ser capaz de

[4] La grandeza de Dostoievski reside precisamente en la tensión que logra establecer entre estas dos fuerzas.

engendrar una estrella danzante», nos señala Nietzsche. Las obras de arte no pueden sustentarse tan sólo en lo apolíneo. Cada vez que perdemos contacto con nuestra dimensión dionisíaca, blanqueamos falsamente el alma. Esta tensión entre ambas fuerzas, según Nietzsche, está presente en las grandes obras culturales de la primera mitad del siglo V a. C. e incluso en las grandes obras de la Grecia arcaica.

Con el desarrollo de ese siglo, sin embargo, lo apolíneo tendió a imponerse sobre lo *dionisíaco* hasta prácticamente eliminarlo. Los seres humanos comenzaron a esconder y reprimir sus dimensiones más ocultas y misteriosas. El orden sofocó el caos y las nuevas obras culturales perdieron gran parte de su fuerza y devinieron unilaterales. La tragedia griega, surgida originalmente de los misterios dionisíacos, buscó hacerse limpia y pura, hasta que, con Eurípides, terminó deviniendo una tragedia psicologizante, moralizante, decadente. Nos hemos alejado ya de las grandes tragedias de Esquilo y de Sófocles.

El programa metafísico es expresión, según Nietzsche, de ese mismo proceso de decadencia. Hay en su concepción de la realidad un intento por blanquearla, por mostrar que su fundamento último es una idealidad apolínea sin mácula. En la pureza del ser metafísico, se disuelven y se resuelven las turbulencias en las que se expresan las dimensiones caóticas de la realidad. La mirada que la metafísica nos propone del ser humano es equivalente. Nuevamente percibimos un esfuerzo por blanquear el alma humana y darle la espalda a todo lo que desmiente sus turbulencias.

Eso ya lo vemos presente en la concepción del ser humano que nos presenta Sócrates. Éste sustenta su filosofía de la vida en una concepción del ser humano concebido como un ser racional, colocándolo de espaldas a todo lo que guarda relación con su mundo emocional y su corporalidad. Sócrates, para Nietzsche, se convierte en un filósofo que promueve el desprecio del cuerpo, cuerpo que la cultura griega en su apogeo había convertido en centro de admiración y en uno de sus elementos más destacados.

Al concebir al ser humano como un ser racional, la concepción de Sócrates queda fuertemente impregnada del espíritu de la decadencia que entonces comenzaba a desarrollarse en la cultura griega. Sócrates idealiza al ser humano y rechaza en él aspectos que le son inherentes. Lo apolíneo se impone sobre lo dionisíaco. El ser humano, según Nietzsche, a partir de la forma en que Sócrates lo caracteriza, queda profundamente distorsionado, pues se entrega de él una imagen unilateral e incompleta. Es la imagen de un ideal del ser humano que sustituye su naturaleza más profunda, ambigua y misteriosa.

La tarea de Nietzsche: el retorno a Sócrates

En ese contexto, ¿qué se plantea Nietzsche? ¿Cuál es su desafío? Si hemos errado el camino y nos encontramos súbitamente en un callejón sin salida, es preciso, antes que nada, volver al punto de partida, a aquel punto en el que Sócrates se encontraba al inaugurar una filosofía de la vida, y rehacer lo que éste intentó; es decir, es preciso volver al punto de origen y acometer una refundación del proyecto socrático de desarrollar una filosofía de la vida. Nietzsche mantiene con Sócrates una relación ambigua. Por un lado, valora lo que éste realizó: abrir una reflexión filosófica sobre la vida humana, con el fin de explorar su carácter y ayudarnos a vivirla mejor. Pero, por otro lado, considera que se equivocó al apoyarse en Parménides y que su aporte terminó por no cumplir con los objetivos que se había propuesto. Desde las premisas establecidas por Sócrates la vida ha devenido invivible o muy difícil de vivir. El objetivo socrático del buen vivir ha terminado por consumar lo contrario.

El objetivo de Nietzsche, en consecuencia, es convertirse en un segundo Sócrates, en el portavoz de una segunda filosofía de la vida, pero de una filosofía de la vida que sea radicalmente diferente de la que nos propusiera Sócrates. Ello implica que, para Nietzsche, Sócrates será su mayor y más cercano rival filosófico. En sus notas de 1875, Nietzsche escribe:

> Sócrates, para confesarlo simplemente, se levanta tan cerca de mí, que estoy casi siempre conduciendo una batalla contra él.

Eso no es extraño. La filosofía de Nietzsche es una filosofía en directo contrapunto con aquella que desarrollara Sócrates.

Examinemos más en detalle cómo Nietzsche se expresa con respecto a Sócrates. Para Nietzsche, tanto Sócrates como

Platón representan la decadencia de la cultura helénica. Con ellos el pensamiento filosófico antagoniza con la vida. Se trata de una filosofía que observa el conjunto de la existencia humana y se avergüenza de gran parte de lo que se manifiesta en el interior del alma humana y que busca compensar y redimir todo lo negativo que halla en ella. Para tal efecto, Sócrates unilateraliza el alma humana, destacando uno de entre todos sus componentes, la razón, y dándoles la espalda a todos los demás: el cuerpo, las pasiones, los instintos. En su mirada decadente, se trata en consecuencia de una filosofía perversa que se enfrenta a la vida y que confronta al ser humano en su multiplicidad. De todo lo que conforma al ser humano sólo se queda con la razón y la erige en criterio supremo para orientar la existencia, en la virtud por excelencia y en el único fundamento de la felicidad.

En *La voluntad de poder*, Nietzsche escribe:

> Sócrates representa un momento de profunda perversidad en la historia de los valores.

> En Sócrates todo es exagerado, excéntrico, caricatura, un «bufón» con los instintos de Voltaire.

> Trato de entender desde qué estados parciales e idiosincráticos deriva el problema de Sócrates: su ecuación de razón = virtud = felicidad.

> Los verdaderos filósofos de Grecia son aquellos anteriores a Sócrates (con Sócrates algo cambia).

En *El crepúsculo de los ídolos*, Nietzsche ya había señalado:

> Reconocí que Sócrates y Platón son síntomas de decadencia, agentes de la disolución de Grecia [...] ellos se erigieron – «tuvieron» que erigirse – en la misma relación negativa hacia la vida.

Con Sócrates el gusto griego manifiesta un cambio hacia la dialéctica: ¿qué aconteció realmente cuando ello aconteció? Se trata por sobre todo de la derrota del gusto más noble; con la dialéctica, la chusma se coloca por encima. [...] el dialéctico es una suerte de bufón: uno se ríe de él, no se le toma en serio – Sócrates fue el bufón que logró ser tomado en serio.

[Sócrates] logró ejercer fascinación [...] él descubrió un nuevo tipo de contienda (*agon*) [...] fue el maestro de esgrima para los círculos aristocráticos de Atenas [...] Sócrates fue también un gran *erótico.*

Interesante alcance. Jacob Burckhardt, colega y amigo de Nietzsche en la Universidad de Basilea, había argumentado que uno de los rasgos más sobresalientes del espíritu helénico, en la Grecia arcaica, había sido el espíritu agonístico. El término *agon* en griego significa contienda. Este espíritu de contienda era, según Burckhardt, un rasgo fundamental en la manera en que los griegos encaraban su existencia.[5]

Sócrates, para Nietzsche, contribuye a la disolución y decadencia de ese espíritu arcaico, de ese espíritu noble, y lo hace inventando un nuevo tipo de contienda: la dialéctica, sustentada en artificios de la razón que antes sólo servían, en manos de los bufones, para hacer reír. Sócrates logra ser tomado en serio, logra seducir a sus interlocutores con sus artificios de lenguaje. Este poder de seducción nos lo revela como un gran erótico.

Pero hay algo mucho más importante en esa caracterización que Nietzsche hace de Sócrates como un gran erótico. Nietzsche quiere comprender aquello que conduce a Sócrates a hacer de la razón el atributo humano por excelencia, en desmedro del resto de nuestra humanidad. Está obsesionado por descubrir el «secreto»

[5] Jacob Burckhardt, *The Greeks and Greek Civilization,* St. Martin Griffin, Nueva York, 1998.

que impulsa a Sócrates a asignarle a la razón un rol protagónico. Su sospecha: el profundo erotismo que Sócrates lleva dentro de sí y el miedo que siente cuando entra en contacto con él. Sócrates, según Nietzsche, se concibe a sí mismo como un ser enfermo, obsesionado por su propios impulsos eróticos, procurando vanamente arrancar de ellos, negándolos y reprimiéndolos constantemente. Su filosofía representa el profundo desprecio que siente hacia sí mismo y hacia el ser humano en general.

Ya en *Humano, demasiado humano*, Nietzsche nos advierte:

> Por mucho que el hombre se extienda con su conocimiento, por muy objetivo que le parezca que es él mismo, lo único que obtiene de ello es su propia biografía.

En *Más allá del bien y del mal* nos reitera una idea equivalente:

> Poco a poco se me ha ido revelando lo que hasta ahora fue toda gran filosofía: a saber, la confesión de su autor y una especie de *mémoires* involuntarias e inadvertidas.

En este contexto, creemos necesario leer las siguientes referencias, provenientes de *El crepúsculo de los ídolos*:

> Si uno requiere hacer de la *razón* un tirano, como lo hiciera Sócrates, debe existir un peligro no menor de algo diferente queriendo ejercer el papel de tirano [...] Razón = virtud = felicidad significa solamente: que uno debe imitar a Sócrates y oponerse a los deseos oscuros por la vía de producir una *luz del día* permanente – la luz del día de la razón. Uno debe ser prudente, claro, luminoso a cualquier precio: cualquier concesión a los instintos, al inconsciente, conduce «cuesta abajo» (*descenso*).

> Sentir la necesidad de combatir nuestros instintos – ésta es la fórmula de la decadencia: en la medida que la vida va *ascendiendo*, la felicidad y los instintos son uno.

> Sócrates *quería* morir – no fue Atenas, sino él mismo quien se hizo de la copa de veneno [...] «Sócrates no es médico», se dijo suavemente a sí mismo, «sólo la muerte hará de médico» [...] Sócrates se sabía enfermo desde hacía un muy largo tiempo.

Esta última cita es muy con un trasfondo curioso. Como lo recordáramos en el libro *Raíces de sentido*,[6] Platón, en su diálogo *Fedón*, nos relata que, en el momento en que debe tomar la cicuta y cumplir con la sentencia de morir que le impusiera Atenas, Sócrates le habría dicho a uno de sus discípulos: «Critón, le debemos un gallo a Esculapio: no te olvides de pagar esa deuda». Esculapio era el dios de los enfermos y cada vez que uno sanaba de una enfermedad debía sacrificarle un gallo en agradecimiento. Nietzsche se pregunta: ¿por qué Sócrates consideraba que al morir se sanaba de una enfermedad? ¿Por qué se sentía en deuda con Esculapio? La respuesta de Nietzsche: Sócrates había concebido su vida como una permanente enfermedad. La razón no había sido sino un antídoto frente a ella, que al momento de morir reconocía como inefectivo. Con su petición a Critón, él mismo reconocía el fracaso del remedio que se había autorrecetado.

Nietzsche se apoya en un segundo relato sobre Sócrates, una anécdota referida por Cicerón. Éste cuenta que un extranjero de visita en Atenas, experto en interpretar fisonomías, al analizar la cara de Sócrates le dice a éste que ve un monstruo en su interior, un alma que abriga todo tipo de vicios y malos apetitos. Ante esa observación, Sócrates se habría limitado a

[6] Rafael Echeverría, *Raíces de sentido*, J. C. Sáez Editor, Santiago, 2006, pp. 261-262.

responder: «¡Me conoces, señor!». Intrigado por esa historia, Nietzsche busca darle un sentido y nos propone la siguiente interpretación: Sócrates acudió a la razón como una forma de hacerse cargo de un alma enferma, de un alma que era una cueva de malos apetitos. Al hacerlo, sometió su alma a una tiranía de la razón sobre el resto de sus instintos.[7]

Existe, por lo tanto, una fundamental equivalencia entre lo que en la Antigüedad procurara realizar Sócrates y lo que en plena modernidad se propone acometer Nietzsche. Ambos son los dos grandes filósofos de la vida. Ambos asumen un desafío equivalente, aunque respondan a él de manera diferente.

Hay, sin embargo, una segunda similitud que merece ser destacada. Ambos buscan acometer una profunda transformación en el sentido común de sus respectivas épocas. La gran obsesión de Sócrates no fue la de desarrollar un sistema filosófico, como luego lo hicieron Platón, su discípulo, y Aristóteles, el discípulo de éste. Su objetivo era realizar una profunda reforma en la manera en que sus conciudadanos enfrentaban los desafíos de su existencia. Tal reforma del sentido común consistía en introducir, en el sentido común entonces prevaleciente, la perspectiva trascendente del ser desarrollada originalmente por Parménides. Luego de casi veinticinco siglos, podemos declarar que tal objetivo fue cumplido en la medida en que la noción de ser se instaló en el sentido común del mundo occidental.

El objetivo que se planteó Nietzsche es equivalente. Su filosofía no fue concebida para afectar tan sólo el ámbito académico; su mirada estaba puesta mucho más lejos. Nuevamente se trata de acometer una gran reforma de nuestro sentido común. Ello, sin duda, implica una confrontación que para algunos tiene lugar en la palestra académica, pero la lucha es mucho mayor y el llamado de Nietzsche no es ganar un sitial dentro

---

[7] *op. cit.*, pp. 260-261.

del mundo de las interpretaciones eruditas, sino enseñarnos a vivir de una manera diferente. Se trata de una filosofía que tiene vocación de calle y de plaza. ¿Y cuál es el sentido de la reforma del sentido común al que Nietzsche aspiraba? Exactamente lo opuesto de lo procurado por Sócrates: erradicar los elementos metafísicos que el mismo Sócrates ayudó a colocar en él. En otras palabras, erradicar de nuestro sentido común la noción de ser propuesta por Parménides y sustituirla por la aceptación del devenir y de la transformación, de la que nos hablara Heráclito. En suma, su objetivo era limpiar nuestro sentido común de todo residuo de socratismo.

Heráclito

Para enfrentar a Sócrates y desarrollar una mirada diferente acerca de la existencia humana, Nietzsche realiza una operación curiosa. En una época muy distinta a aquella en la que vivió Sócrates, Nietzsche procura sin embargo colocarse en la misma encrucijada en la que aquel se vio enfrentado, para explorar así el camino que Sócrates descartó. En vez de ignorar a Heráclito y de confrontar a los sofistas, como entonces lo hizo la metafísica, Nietzsche toma exactamente el camino contrario: se apoya en Heráclito y afirma la validez de los argumentos de los grandes sofistas. Y es desde allí que propone llevar a cabo una refundación de la filosofía de la vida.

Su principal punto de apoyo en esta tarea, será precisamente Heráclito. En *El crepúsculo de los ídolos*, Nietzsche escribe:

> Coloco a un lado con la más alta reverencia el nombre de *Heráclito*. Cuando el resto de la muchedumbre de los filósofos rechazaban la evidencia de los sentidos por mostrar esta pluralidad y cambio, él rechazó sus evidencias que los conducían a sostener que las cosas tenían duración y unidad [...] La *razón* es la causa de nuestra falsificación de la evidencia de los sentidos. Pero Heráclito estará siempre en lo cierto en esto, en que el Ser es una ficción vacía. El mundo «aparente» es el único que existe: el *supuesto* mundo «real» [de los filósofos] sólo ha sido añadido de manera mentirosa.

En *Ecce Homo*, hablando de Heráclito, señala:

> [...] en cuya cercanía siento más calor y me encuentro de mejor humor que en ningún otro lugar. La afirmación del fluir y *del aniquilar,* que es lo decisivo en la filosofía dionisíaca, el decir Sí a la oposición y a la contienda, el *devenir,* el rechazo incluso al concepto

mismo de *ser*; en todo esto tengo que reconocer, en cualquier circunstancia, lo más afín a mí entre lo que hasta ahora se ha pensado.

En la antigua confrontación que se produce entre la posición de Heráclito y la de Parménides, Nietzsche no duda dónde colocarse. Dice, en *La voluntad de poder*:

> Parménides dijo «no podemos pensar lo que no es» – nosotros nos colocamos en el otro extremo y decimos «lo que puede pensarse tiene que ser ciertamente una ficción».

En el mismo libro, más adelante, en una referencia que parece estar dirigida tanto a Aristóteles como a Parménides, Nietzsche sostiene:

> La ley de la contradicción proveyó la fórmula: el mundo verdadero, aquel hacia el cual uno se dirige para definir el camino, no puede contradecirse a sí mismo, no puede cambiar, no puede devenir, no tiene inicio ni final.
>
> Éste es el más grande error que hasta ahora ha sido cometido, la fatalidad esencial del error sobre la tierra: se creyó poseer un criterio de realidad en las formas de la razón – cuando lo que sucedía era que uno disponía de ellas para dominar la realidad y para tergiversarla de una manera astuta.
>
> Y pongan atención: ahora el mundo devino falso, precisamente debido a las propiedades que constituyen su realidad: el cambio, el devenir, la multiplicidad, la oposición, la contradicción, la guerra.

El objetivo de Nietzsche de refundar la filosofía de la vida no es gratuito, ni se produce en el vacío. Ello se lleva a cabo con el propósito de resolver lo que en su opinión es la crisis más profunda que encara la modernidad: aquella profunda crisis que se registra en el dominio de los valores y que se expresa en el nihilismo. Su gran desafío filosófico asume la forma de tenaza en la que se combinan dos ejes: por un lado la encrucijada socrática de la Antigüedad y, por otro, la profunda crisis de valores que afecta a la modernidad. Nietzsche es un filósofo moderno y, a pesar de apoyarse en la encrucijada que en Grecia marca el nacimiento de la filosofía, su propia filosofía busca responder a los desafíos de su época y muy especialmente de lo que él percibe que vendrá después.

Hay en Nietzsche, por lo tanto, una permanente tensión. Por una parte, está esa reiterada referencia al mundo clásico griego. Por otra, existe en su pensamiento una modernidad radical que quizás ningún otro filósofo ha logrado alcanzar. Las condiciones del presente le quedan cortas a Nietzsche, pues su filosofía se proyecta como ninguna hacia el futuro. Pero ello, como veremos luego, es también parte central de su propuesta filosófica. Esa proyección hacia el futuro será un rasgo característico de su concepción de la vida humana.

Para Nietzsche, por lo tanto, es necesario volver a Sócrates, colocarse en su lugar, pero desde allí moverse en una dirección distinta. Se trata de inaugurar una filosofía de la vida sustentada en el camino que Sócrates excluyó: el camino de Heráclito, a quien Nietzsche describe como «el único filósofo que no ha falseado la realidad» y por quien sostiene «el más alto respeto». Heráclito permite concebir la vida colocando en el centro dos elementos claves: la transformación y el poder de la palabra (el *logos*). Se trata de una concepción de la vida entendida en clave muy diferente de lo que permitía Parménides, quien colocaba en el centro la noción de un ser inmutable.

Nietzsche considera que su obra más destacada es *Así habló Zaratustra*. Zaratustra fue un profeta persa de una época difícil de precisar. Algunos estudios lo sitúan alrededor del 700 a. C. Otros sugieren que habría sido muy anterior. Los griegos lo llamaban Zoroastro. Era un profeta de gran influencia cuando los persas tenían bajo su protectorado a Asia Menor. Éfeso, la ciudad-estado en la que vivía Heráclito, estuvo precisamente bajo dicho protectorado durante la vida del filósofo. Se le ha atribuido a Zaratustra el haber sido el primero en destacar la importancia de la separación del bien y del mal, fundamento de toda moralidad.

Nietzsche, que busca precisamente cuestionar las bases de la moral tal como la conocemos, hace del propio Zaratustra su principal portavoz. En una primera aparición, representa a Zaratustra cumpliendo con la misión que le hemos históricamente atribuido. Luego lo hace retirarse a las montañas, oportunidad en la que, según Nietzsche, comprende que se equivocó. Ello determina un segundo retorno de Zaratustra, esta vez con un mensaje radicalmente opuesto al primero. Se trata de deshacer su primera doctrina y en rigor «deshacer» aquella línea que separaba en forma absoluta y tajante el bien y el mal, y colocar tal demarcación como algo exterior, que pesaba «sobre» los hombres. En *Ecce Homo*, Nietzsche nos señala:

> Zaratustra fue el primero en considerar la lucha entre el bien y el mal como la gran rueda en la maquinaria de las cosas: *su* contribución consiste en la transposición de la moralidad en el reino metafísico, como una fuerza y un fin en sí mismo, [...] Zaratustra creó el más calamitoso de los errores, la moral; por lo tanto le correspondía ser él el primero en reconocerlo.

La aparición de este segundo Zaratustra, que viene a deshacer su primer error, nos muestra, por lo tanto, un personaje radicalmente diferente del primero. Muchos han sostenido que este Zaratustra es, en rigor, una reencarnación de Heráclito. Nietzsche reconoce esta estrecha relación entre su Zaratustra y Heráclito. En *Ecce Homo*, nos dice:

> La doctrina de Zaratustra «puede», a final de cuentas, haber sido ya enseñada por Heráclito.

Los sofistas

Pero Heráclito no es el único componente determinante de la propuesta de Nietzsche. También lo son los sofistas, aquellos maestros itinerantes que se preocupaban por formar a los jóvenes griegos y preservaban una marcada influencia heracliteana. Sócrates había procurado distinguirse de y romper con ellos. Proviniendo de ese mismo entorno, Sócrates rechazaba el carácter de sus enseñanzas y, en los diálogos que nos presenta su discípulo Platón, los enfrenta en reiteradas ocasiones. Ya instalado en el área de influencia de Parménides, para Sócrates los sofistas introducían un relativismo inaceptable, que se alejaba de su noción de una verdad absoluta a la que se accede a través de la razón. Nietzsche, por el contrario, retorna y retoma el pensamiento sofista y, desde él, desarrolla su propuesta.

Es importante destacar que durante buena parte de la historia de la filosofía las referencias a los sofistas fueron oprobiosas. Platón, que introdujo el término filosofía, lo hizo contraponiendo el filósofo al sofista. Hacer sofística constituyó desde entonces una forma de pensamiento corrupta, no rigurosa, contraria al pensar filosófico. Sócrates, para Platón, fue el primer filósofo y lo fue en tanto planteó una modalidad de reflexión contraria a lo que hacían los sofistas. Ser catalogado de sofista, desde entonces, ha sido equivalente a ser insultado.

Hegel fue el primer filósofo de importancia que, en parte, corrigió esa percepción; en su explicación de la historia de la filosofía, le confirió una determinada importancia al movimiento sofista. Siguiendo una lógica de explicación de los fenómenos históricos basada en la dialéctica de la tesis, la antítesis y la síntesis, Hegel atribuyó a los sofistas el haber sido una suerte de antítesis del movimiento presocrático de los *physikoi*. Pero esta antítesis requirió, a su vez, de su superación en el movimiento de síntesis que representó la metafísica. Por lo tanto, más que destacar positivamente el pensamiento de los sofistas, Hegel les confiere un rol en la dinámica del desarrollo del pensamiento, representando éstos una fase limitada, insuficiente, que justificó la emergencia de una filosofía más plena, como las que desarrollaron Platón y Aristóteles. Rescatándolos por un momento, Hegel inmediatamente los hunde. Para Hegel los sofistas son sólo un eslabón necesario del desarrollo filosófico.

Fue Nietzsche quien reconoció por primera vez el inmenso valor filosófico de las contribuciones de los sofistas, en particular las de Protágoras, el más destacado entre ellos. Más que una fase necesaria del desarrollo del pensamiento, el aporte de los sofistas representa para Nietzsche una influencia importante y positiva en su propia concepción. Se inaugura así un esfuerzo de restauración de la importancia de los sofistas, línea que se ha desarrollado hasta nuestros días. Desde la perspectiva de Nietzsche, los sofistas representan un punto ascendente en el desarrollo de filosofía y su contribución es puesta muy por encima que aquellas que desarrollaran Platón y Aristóteles.

Mientras los sofistas representan, para Nietzsche, una importante expresión de lo mejor y más noble del espíritu helénico, Platón y Aristóteles son considerados una manifestación de su decadencia. Con éstos, a diferencia de lo que sostenía Hegel, el pensamiento filosófico retrocede. Y, para salir del callejón sin salida al que Platón y Aristóteles terminaron por conducirnos, es necesario, según Nietzsche, rescatar el valor de las contribuciones de los sofistas y limpiar sus nombres.

En *La voluntad de poder,* Nietzsche se refiere a los sofistas en los siguientes términos:

> Los sofistas se sitúan en el límite de la primera *crítica de la moralidad,* desarrollan la primera *intuición* sobre la moralidad –yuxtaponen la multiplicidad (la relatividad geográfica) de los juicios morales de valor: sostienen que toda moralidad puede ser justificada dialéctica-

mente; es decir, anticipan que todos los esfuerzos para ofrecer razones que justifiquen la moralidad son *sofísticos* [...]; ellos postulan la verdad primera en el sentido de que una *moralidad-en-sí*, un *bien-en-sí*, no existe, que es una estafa hablar de *verdad* en este campo. [...]

La cultura griega de los sofistas emergió de todos los instintos griegos: ella pertenece a la cultura de la era de Pericles de la misma manera como Platón «no pertenece» a ella: tiene como predecesores a Heráclito, a Demócrito, a las expresiones científicas de la antigua filosofía: ella se manifiesta por ejemplo en la alta cultura de Tucídides. [...] Nuestra propia manera de pensar es en gran medida heracliteana, democriteana, protagoreana: y bastaría con decir protagoreana dado que Protágoras representaba una síntesis de Heráclito y Demócrito.

Y termina concluyendo:

> Los sofistas no son nada menos que realistas [...] ellos poseen la valentía de todos los espíritus fuertes para *conocer* su propia inmoralidad.

La metafísica profundizó el camino iniciado por Sócrates. Su eje central, sin embargo, no es, como en el caso de éste, la vida humana. Lo propio de la metafísica es que desarrolló una concepción de la vida tributaria de una concepción de la realidad. Lo central en ella, por lo tanto, es su concepción de la realidad. Esto es lo que diferencia la metafísica del pensamiento socrático. Desde la perspectiva de los primeros maestros sofistas esta opción era inconcebible.

Para Protágoras, toda alusión a la realidad por sí misma remite obligadamente al ser humano, para quien esa realidad se presenta como tal. Ello se expresa en su célebre doctrina conocida con el nombre en latín de *homo mensura*. «El hombre», decía Protágoras, «es la medida de todas las cosas». Pensar en una realidad prescindiendo del hombre resultaba para los sofistas un sinsentido. Esta doctrina, como veremos más adelante, fue asumida plenamente por Nietzsche.

Nietzsche invierte la relación planteada por los metafísicos que oponían el filósofo al sofista. En *La voluntad de poder*, Nietzsche acusa:

> Los filósofos son los *decadentes* del helenismo; son la reacción contra la sensibilidad antigua y noble (contra el instinto agonal, contra la *polis*, contra el valor de la raza, contra la autoridad de la tradición). Las virtudes socráticas eran predicadas *por cuanto* los griegos ya habían perdido las suyas: habiéndose convertidos en excitables, tímidos, veleidosos, comediantes, cada uno de ellos, tenía razones más que suficientes para permitir que se les predicara la moralidad.

Los filósofos metafísicos no fueron, por lo tanto, los principales responsables de la decadencia. Ellos lograron la influencia que alcanzaron por cuanto el espíritu de la decadencia ya había comenzado a apoderarse del mundo griego de su época. Sin embargo, los filósofos metafísicos articularon y le confirieron sentido y racionalidad a ese espíritu decadente de sus días.

También en *La voluntad de poder*, Nietzsche se refiere a Platón en los siguientes términos:

> Él negó todas las presuposiciones del *griego noble* de antigua estampa, hizo de la dialéctica una práctica cotidiana, conspiró junto a los tiranos, persiguió la política del futuro y proporcionó el ejemplo para establecer la completa ruptura con los instintos del pasado. Él es profundo y apasionado en todo lo que es *anti*-helénico.

En *Más allá del bien y del mal*, Nietzsche señala:

> [...] el peor, el más durable y el más peligroso de todos los errores hasta ahora ha sido un error cometido por un dogmático: es decir, la invención de Platón del espíritu puro y del bien en sí mismo.

La dimensión dionisíaca

Lo anterior, en el terreno filosófico. Hay sin embargo una segunda dimensión que es muy importante reconocer para entender cabalmente la propuesta de Nietzsche y poder diferenciarla de la propuesta socrática, y que opera en el plano más amplio de la cultura. Nos referimos a la afirmación del componente dionisíaco que, según Nietzsche, se había perdido en el proceso de decadencia en Grecia y que Sócrates, de manera específica, había sacrificado.

Éste es un elemento clave en la propuesta de Nietzsche y se expresa de distintas maneras en su filosofía. Nietzsche se opone a toda forma de sobreidealización del ser humano que niegue sus ambigüedades y contradicciones y que rechace profundizar en los aspectos más sombríos del alma humana. Nietzsche se opone a todo esfuerzo por «blanquear» el alma humana, por unilateralizarla, como lo había hecho Sócrates, por separar de ella aspectos claves que la conforman, como son las pasiones y el cuerpo.

Para Nietzsche todo intento de negar aspectos de lo que somos implica en último término no aceptarnos plenamente y, por ende, rechazarnos a nosotros mismos y asumir una disposición cuestionadora de la existencia. Ello no implica que aceptemos someternos a todo lo que se manifiesta en nosotros. Pero no podemos darnos la espalda a nosotros mismos. No podemos, según Nietzsche, alejarnos deliberadamente del desafío de conocernos tal cual somos.

Acusa el filósofo en el inicio de *La genealogía de la moral*:

> Nosotros, los que conocemos, somos desconocidos para nosotros, nosotros mismos somos desconocidos para nosotros mismos.

Para Nietzsche no es aceptable la opción de negarnos, de disciplinarnos a la fuerza, de castrarnos. Ése no es el camino. El camino propuesto por Nietzsche es el del cultivo del alma con todo cuanto ella contiene. El tema del cultivo del alma había estado ya presente en Sócrates y Platón y experimenta un importante giro en la filosofía helenística posterior, muy particularmente en el estoicismo.[8] El período helenístico debía confrontar la crisis de la *polis*, la ciudad-estado de la Grecia antigua, a partir de la cual los seres humanos estructuraban su vida. En ese entonces, la *polis* y su gobierno representaban un referente central de la existencia individual. Una de las tareas más nobles y respetadas que se planteaban los ciudadanos era la participación en el gobierno de su ciudad. Con la crisis de la *polis* ello se ve profundamente alterado en la medida en que el referente existencial de la ciudad desaparece. Con ello se produce, sin embargo, un importante desplazamiento. Los individuos transfieren el desafío de participación en el gobierno de su ciudad a un desafío muy diferente: involucrarse en el gobierno de sí mismos.[9] De ello da cuenta la noción de cultivo del alma que Nietzsche retoma en su filosofía.

El cultivo del alma implica concebir la vida como un dominio de diseño en el que nos fijamos determinados objetivos a alcanzar y nos hacemos cargo de lograrlos, de manera de construir el tipo de ser que deseamos devenir. Deseo y voluntad son dos elementos cruciales en la concepción nietzscheana de la vida. Este camino implica reconocer, aceptar y tensionar no sólo los elementos apolíneos sino también los elementos dionisíacos que todos llevamos dentro. Significa ser capaces de elevarnos por sobre nuestras fuerzas sombrías, sin desconocerlas. Ambos son los ingredientes de la grandeza humana.

---

8 Ver, a este respecto, Michel Foucault, *Hermenéutica del sujeto*, Siglo XXI, México, 2006.

9 Esta idea me fue sugerida por Carla Cordua.

La introducción del elemento *dionisíaco* significa también la afirmación irrestricta de la vida, de esta vida. Ello es quizás lo principal que simboliza la noción de lo *dionisíaco*. La afirmación de la vida es un elemento determinante en la lucha de Nietzsche contra el nihilismo. El programa metafísico sustraía el sentido de esta vida y lo colocaba en un orden de realidad diferente, en un más allá de la vida tal como la experimentamos. No es extraño, por lo tanto, que una vez que tal premisa se debilita, que la creencia en ese más allá que confiere sentido se desmorona, descubramos que aquello que nos queda, este mundo, se nos presenta como carente de todo sentido. Pero ese vacío lo hemos producido nosotros mismos en el momento en que le sustrajimos a la vida su sentido propio y se lo otorgamos a una esfera trascendente que termina por colapsar.

Para dar cuenta de esta situación Nietzsche proclama «Dios ha muerto», pero enseguida añade: «fuimos nosotros quienes lo matamos». La expresión «Dios ha muerto» ha devenido emblemática para referirse a Nietzsche. Muchos se han preguntado de dónde viene. Sabemos que ella aparece primero en su obra *La ciencia gaya* y que luego es reiterada en *Así habló Zaratustra*. Cuando se le buscan antecedentes que pudieran haber inspirado a Nietzsche, se mencionan distintas fuentes. Unos han apuntado hacia Hegel, quien hace una referencia equivalente. Otros hablan de Emerson, a quien Nietzsche leyera en dos oportunidades durante la década de 1860. En efecto, Emerson había escrito:

> Los hombres llegan a hablar de la revelación como algo dado y hecho desde hace mucho tiempo atrás, como si Dios estuviera muerto.

Por último, hay quienes vinculan esta expresión con Píndaro, estudiado por Nietzsche, el cual relata que al cruzar frente a una isla, los navegantes de un barco habían escuchado que desde ella gritaban: «El gran dios Pan ha muerto».

Superar el nihilismo requiere resignificar este mundo, volver a otorgarle sentido a esta vida. Un sentido que no opera por referencia a otra vida, sino que nace y crece de esta vida misma. Nietzsche es un entusiasta de todas las formas más vitales y expresivas de la vida. Nietzsche se inclina por la música, por la danza, por todo cuanto se expresaba en los antiguos rituales dionisíacos. «Un dios que no sepa danzar», nos dice, «es un dios en el que no merece la pena creer».

Para Nietzsche la restauración del sentido de la vida pasa por la recuperación de aquel sentido *dionisíaco* presente en la cultura helénica, componente fundamental de la tragedia griega y posteriormente sacrificado con el nacimiento del programa metafísico. El espíritu de lo *dionisíaco* tiene, para Nietzsche, varias implicancias.

La primera de ellas se expresa en la capacidad de afirmar plenamente la vida, de aceptar todo cuanto ella expresa y evitar negar algunas de sus dimensiones, como lo hiciera Sócrates. Aceptar y afirmar la existencia implica evitar cualquier idealización de la misma que nos conduzca a una mirada unilateral. Se trata de un rechazo instintivo a procurar «blanquear» la realidad tal como ella se nos presenta. Es tener la valentía, por lo tanto, de mirar de frente los aspectos más sombríos, más borrascosos de la vida y de nosotros mismos, y no huir cobardemente de ellos. Cualquier negación de lo que nos muestra una mirada descarnada de la existencia, termina por conducirnos a una confrontación con esos mismos aspectos, confrontación que es capaz de destruirnos.

En *El crepúsculo de los ídolos*, Nietzsche, hablando de Goethe, por quien profesa gran admiración, nos señala:

> [...] un espíritu así «emancipado» [Goethe] se levanta en medio del universo con un alegre y confiado fatalismo, en la «fe» de que sólo lo que encontramos separado e individualizado puede ser rechazado,

que en la totalidad todo es redimido y afirmado – *él deja de negar* [...] Pero tal fe es la más alta de todas las fe: yo la he bautizado con el nombre de Dionisos.

En *Ecce Homo*, Nietzsche escribe:

> Mi fórmula para la grandeza en un ser humano es *amor fati*: que uno no aspira a nada diferente, ni hacia adelante, ni hacia atrás, ni en toda la eternidad. Evitar tolerar apenas lo que es necesario, menos aún ocultarlo – todo idealismo no es sino mendicidad de cara a lo necesario – pero *amarlo*.

Amor fati significa amor al destino, a lo que existe tal como existe, a lo que existió y a lo que existirá; amor a todo lo necesario. Todo lo que sucede en la vida acontece por cuanto fue, es y será necesario que acontezca. Sobre eso, Nietzsche señala que sólo nos cabe aceptarlo, afirmarlo y amarlo. En ese mismo texto, más adelante, Nietzsche dice:

> [...] lo que es necesario no me hiere: *amor fati* en su más íntima naturaleza.

En *La voluntad de poder*, Nietzsche conecta su concepto de *amor fati* con la dimensión dionisíaca:

> [...] para desarrollar una relación dionisíaca con la existencia – mi fórmula es *amor fati*.

El espíritu dionisíaco y el *amor fati* son, por lo tanto, dos nociones complementarias. Unas paginas más adelante, Nietzsche profundiza en su noción de lo dionisíaco:

> La palabra *dionisíaco* significa: un impulso hacia la unidad. Un alcanzar más allá de la personalidad, lo cotidiano, la sociedad, la reali-

dad, a través del abismo de la transitoriedad: un desborde apasionado y doloroso hacia los estados más oscuros, más plenos y más flotantes; una afirmación de éxtasis del carácter total de la vida como aquello que se mantiene igual, igual de poderoso, igual de gozoso a través de todos los cambios; el gran compartir panteístico de alegrías y penas que santifican y llaman bueno las calidades más terribles y cuestionables de la vida; la eterna voluntad de procreación, de fructificación, de recurrencia; el sentimiento de la unidad necesaria de la creación y de la destrucción.

Vemos aparecer aquí un elemento nuevo que nos desplaza hacia una segunda acepción de la dimensión dionisíaca, a la que Nietzsche se refiere. Se trata de la aceptación de la unidad que él percibe entre creación y destrucción. El espíritu de lo *dionisíaco* implica, en consecuencia, aceptar y validar el elemento destructivo de la existencia, tal como lo vemos aparecer en los diferentes mitos griegos referidos a Dionisos, este extraño dios.[10]

En *El crepúsculo de los ídolos*, Nietzsche escribe:

> La afirmación de la vida incluso en sus problemas más extraños y severos, la voluntad de la vida gozando de su carácter inexhaustible a través del *sacrificio* de sus más elevadas expresiones – *eso* es lo que he llamado dionisíaco, *eso* es lo que reconocido como el puente hacia la psicología de lo *trágico* [...] *llevar a cabo en uno mismo* la eterna alegría del devenir – aquella alegría que contiene la *alegría de destruir*. [...] con ello me planto a mí mismo en el suelo del cual hago crecer todo cuando quiero y *puedo* – yo, el último discípulo del filósofo Dionisos – yo, el maestro de la eterna recurrencia.

De *La voluntad de poder*, tomamos el siguiente párrafo:

---

[10] Ver, a este respecto, Rafael Echeverría, *Raíces de sentido*, pp. 121-161.

El deseo de destrucción, cambio, devenir, *puede* ser la expresión de un poder desbordante preñado con el futuro (mi término para esto, como es sabido, es la palabra *dionisíaca*); pero puede ser también el odio hacia todo lo que está malamente constituido, desheredado, desprivilegiado, que destruye, *tiene* que destruir, por cuanto lo que existe, como la existencia misma, todo siendo como es, lo enfurece y lo provoca.

Por último, en *Ecce Homo*, Nietszche señala:

Entre las condiciones de la tarea dionisíaca están, en una manera decisiva, la dureza del martillo, incluso la alegría de destruir. El imperativo *¡deviene duro!*, la más fundamental certeza de que *todos los creadores son duros*, es la marca distintiva de la naturaleza dionisíaca.

Nietzsche mismo no escatima en su dureza. Luego de lanzarse contra Sócrates y sus discípulos metafísicos, da una vuelta y se lanza contra el cristianismo, los sacerdotes y la Iglesia.

Jesús, el cristianismo y el Crucificado

Para comprender la interpretación que Nietzsche nos ofrece sobre el cristianismo es importante abordar primero su interpretación sobre el judaísmo, pues el cristianismo es un desarrollo en el interior de la historia del judaísmo. Para Nietzsche, la historia del pueblo judío requiere ser interpretada con referencia a dos elementos que entran en tensión: uno de carácter cultural y el otro de carácter histórico-social. El primero apunta a uno de los elementos centrales de la religión judía: la creencia de que el pueblo judío es un pueblo elegido por Dios. Un pueblo convocado, por lo tanto, a destacarse entre todos los pueblos por tratarse de un «pueblo escogido». A partir de eso, el judío mira la vida con determinadas expectativas, esperando encontrar en ella señales de esta elección de la que fuera supuestamente beneficiado por Dios.

El segundo elemento guarda relación con su historia. Se trata de una historia que, desde prácticamente todos los lugares a partir de los cuales se la mire, pareciera contradecir lo anterior y se asemeja más bien a la historia de un pueblo maldecido. Salvo durante el período de los reyes, que tuvo una duración de menos de cien años, el pueblo judío ha vivido una historia de profundos conflictos internos, de agresiones externas y de tutelaje o esclavitud frente a otros pueblos. Primero tenemos el largo período de esclavitud en Egipto, luego las guerras de conquista de Palestina, el gran cisma que sigue a la muerte de Salomón, el cautiverio en Babilonia, el tutelaje persa, la conquista posterior de sus tierras por los romanos, etcétera.

Esa profunda contradicción ha permitido en el pueblo judío, según Nietzsche, una mirada frente a la vida marcada por el resentimiento y a partir de la cual se ha desarrollado un profundo desprecio por la existencia. El pueblo judío vive en permanente conflicto con la existencia que se le impone, con el sentimiento de que ella expresa una gran injusticia. Existe, en consecuencia, un fuerte contraste entre la mirada que, por ejemplo, los griegos desplegaron sobre la vida, particularmente durante su período arcaico, y aquella desarrollada por la cultura judía. Se trata de miradas prácticamente polares. Mientras en Grecia se desarrollaba una moral aristocrática que identificaba lo bueno con lo noble y poderoso, los judíos, sometidos por pueblos más poderosos que ellos, invirtieron esa mirada. Los nobles son ellos, los sometidos, los despreciados, los esclavos.

En *La genealogía de la moral*, Nietzsche escribe:

> Han sido los judíos los que, con una consecuencia lógica aterradora, se han atrevido a invertir la identificación aristocrática de los valores (bueno = noble = poderoso = bello = feliz = amado de Dios) y han mantenido con los dientes del odio más abismal (el odio de la impotencia) esa inversión, a saber, «¡los miserables son los buenos; los pobres, los impotentes, los bajos, son los únicos buenos; los que sufren, los indigentes, los enfermos, los deformes son también los únicos piadosos, los únicos benditos de Dios, únicamente para ellos existe la bienaventuranza – en cambio vosotros, vosotros los nobles y violentos, vosotros sois, por toda la eternidad, los malvados, los crueles, los lascivos, los insaciables, los ateos, y vosotros seréis también eternamente los desventurados, los malditos y condenados! [...]

El cristianismo, para Nietzsche, es una vertiente de esa misma mirada invertida, desarrollada por el pueblo judío, que surge en un momento álgido, bajo la opresión de los romanos. Como tal, llevará consigo ese mismo resentimiento, a partir del

---

[11] Al respecto recomiendo leer Rafael Echeverría, *Raíces de sentido*, secciones IV y V, que tratan de los judíos y los cristianos, respectivamente.

cual se funda un profundo desprecio por la vida.[11] Para abordar, sin embargo, la concepción de Nietzsche sobre el cristianismo, es importante distinguir su mirada sobre el Jesús histórico, su mirada sobre el propio cristianismo y, dentro de ella, la mirada que el cristianismo construye sobre el Jesús histórico, dando lugar a lo que Nietzsche llamará el Crucificado.

Aunque nos encontramos a veces con algunas referencias críticas de Nietzsche sobre el Jesús histórico[12], podemos sostener, sin embargo, que se trata de una figura sobre la que, en términos generales, expresa palabras de admiración y elogio. En *Humano, demasiado humano*, Nietzsche se refiere a Jesús como «el hombre más noble». Más adelante señala:

> [...] lo que dejó en herencia a los hombres fue el ejemplo de su vida: su comportamiento ante los jueces, los esbirros, los acusadores y ante toda clase de calumnias y escarnios, su comportamiento en la cruz.

En relación al mensaje de Jesús, Nietzsche escribe en *El Anticristo*:

> La verdadera vida, la vida eterna, es encontrada – no está prometida, está aquí, en el interior de cada uno: como una vida vivida en el amor, en un amor sin deducción o exclusión, sin distancia. Cada uno es un hijo de Dios, cada uno es igual a cada otro. [...] ¡Ello merece hacer de Jesús un «héroe»!

Es curiosa la marcada sensibilidad gnóstica que Nietzsche, en su interpretación, le atribuye a Jesús. Para el pensamiento gnóstico que se desarrolla en el interior del cristianismo, particularmente durante el primer y segundo siglo después de Cristo, buscando interpretar su mensaje, el principio de lo divino se

---

[12] Por su obsesión con los desposeídos.

encuentra, en efecto, en el interior de cada uno. Algunos siglos más adelante, sin embargo, la Iglesia va a declarar heréticas estas interpretaciones.

Nietzsche, por lo tanto, celebra la figura histórica de Jesús. Lo concibe como alguien que levanta la importancia del amor entre los seres humanos así como también la aceptación de nuestras miserias, de los aspectos más sombríos del alma humana. Es un Jesús que vemos permanentemente confundido con los pecadores, aceptándolos, profesándoles amor, ofreciéndoles un camino de mayor sentido de vida. El Jesús histórico es una figura que defiende el valor la vida y que hace de ella el principal valor de que disponen los seres humanos. Es una figura que Nietzsche ve asociada con el gran desafío del cultivo del alma humana.

Sin embargo, el mensaje que Nietzsche le atribuye a la figura histórica de Jesús es, en su opinión, completamente tergiversado luego de su muerte. En *El Anticristo*, nos advierte:

> [...] la historia del cristianismo –y ello sucede desde el momento de la muerte en la cruz– es la historia de un crudo y progresivo malentendido de un simbolismo *original*.

Más adelante, en esa misma obra, señala:

> La palabra «cristianismo» es desde ya un malentendido – en rigor sólo ha existido un sólo cristiano y éste murió en la cruz. El evangelio murió con él en la cruz. Lo que luego fuera llamado evangelio fue lo opuesto de lo que *él* había vivido.

¿Quién fue el principal responsable de este malentendido? Nietzsche apunta su dedo acusador hacia Pablo. Es Pablo quien, en rigor, basado en la figura de Jesús, fundó el cristianismo que luego se desarrolló históricamente. Es interesante examinar, según Nietzsche, lo que Pablo acomete.

Recordemos que Pablo no conoció a Jesús. No fue uno de los apóstoles que acompañaron a Jesús durante su vida. Pablo sostiene haber conocido a Jesús a través de una aparición que habría tenido, luego de la muerte de Jesús, mientras se dirigía a Damasco persiguiendo a los cristianos. Éste es su conocimiento de Jesús. Tomemos en cuenta también que los cuatro Evangelios que hoy conforman el texto oficial de la Biblia fueron escritos luego de que Pablo falleciera. Por último, tomemos en consideración el hecho de que, para imponer su particular visión del cristianismo, Pablo frecuentemente entró en conflicto tanto con los apóstoles que habían acompañado a Jesús en vida –sus diferencias con Pedro están documentadas– como con los hermanos de Jesús, y muy particularmente con su hermano Santiago, quienes entonces dirigían la Iglesia. En *La voluntad de poder*, Nietzsche señala:

> Pablo vuelve a erigir en gran escala precisamente aquello que Cristo había anulado a través de su manera de vivir.

¿Qué hace Pablo? Insiste en que lo importante que nos ha legado Jesús son dos hechos: su muerte en la cruz y su posterior resurrección. Estos dos hechos y no otra cosa, sostiene Pablo, deben ser los pilares de la fe cristiana. Tener fe significa en consecuencia creer en la muerte en la cruz y en la resurrección que le siguiera. La palabra y las obras de Jesús no tienen para Pablo la misma importancia que estos dos hechos, muerte y resurrección, que se sitúan más allá de su vida.

A partir de eso, el significado que le atribuyamos a la muerte y resurrección de Jesús resulta independiente de su vida y de sus testimonios directos. La figura de Jesús que levanta Pablo no es en consecuencia la figura propiamente de Jesús, sino una figura que Nietzsche bautiza con el nombre del Crucificado. Jesús y el Crucificado son dos personas distintas.

En *El Anticristo*, Nietzsche acusa:

> Así se fue introduciendo paulatinamente en el tipo del Salvador la doctrina del juicio y de la vuelta a la Tierra, la doctrina de la muerte, como sacrificio, la única y exclusiva realidad del evangelio, a favor de un estado posterior a la muerte. San Pablo hizo lógica esta idea del Salvador con aquella insolencia rabínica que muestra en todas las cosas: «Si Cristo no resucitó de entre los muertos, nuestra fe es vana».

Pablo levanta una figura particular del Salvador:

> [...] a quién clavó en su cruz. Su vida, su ejemplo, su enseñanza, su muerte, el sentido y el derecho de todo evangelio deja de existir; sólo existe lo que entendía en su odio falsificador; únicamente lo que podía serle útil. Nada de realidad, nada de verdad histórica.

¿Cuál es el resultado de esta flagrante tergiversación? ¿De esta negación de los testimonios de la propia vida de Jesús? ¿De esta mirada a la vida centrada en la resurrección y el más allá?

> Cuando el centro de gravedad de la vida no se coloca en la vida, sino en el *más allá*, en la nada, se arrebata a la vida su centro de gravedad.

En otras palabras, se ha sembrado la semilla del nihilismo. Cuando más adelante, ya entrada la Modernidad, esa creencia en el *más allá* se derrumba, los seres humanos se encuentran de bruces con la nada. La vida que entonces fue vaciada de sentido aparece posteriormente como un completo sinsentido. Al colocarse el centro de gravedad de la vida, fuera de la vida; al vaciarse la vida de su inherente sentido y situarlo en el más allá, en un sueño imaginario, al despertarse de tal sueño y al volver la mirada a la vida, el resultado es previsible: nada tiene sentido. El nihilismo que el cristianismo hoy acusa con tanta vehemencia es un producto del propio cristianismo.

No es extraño, argumenta Nietzsche, que se produzca entonces esta completa tergiversación entre la vida de Jesús y el mensaje cristiano posterior. La Iglesia, que se levanta siguiendo la interpretación de Pablo, representa según Nietzsche lo opuesto de lo que representó Jesús. En *La voluntad de poder*, dice:

> La Iglesia es precisamente aquello contra lo cual Jesús predicó – y contra lo cual él le enseñó a luchar a sus discípulos.

Con todo, es importante reconocerlo, el cristianismo fundado por Pablo llegó a ser una fuerza importante en la historia de la humanidad, pues

> [...] le confirió al hombre un valor absoluto, opuesto a su pequeñez y su accidental ocurrencia en el fluir del devenir y del suceder. [...] En resumen: la moralidad [cristiana] fue el gran «antídoto» contra el «nihilismo» práctico y teórico.

Sin embargo, esa ventaja, con el desarrollo de la modernidad y la profundización del nihilismo que ella conlleva, terminó por disolverse. Para salir de la crisis en la que hoy estamos es indispensable acometer una crítica radical de esa misma moralidad. Mientras ello no se realice no nos será posible salir de esta crisis. Uno de los objetivos que Nietzsche se plantea es precisamente acometer tal crítica:

> Una crítica a la moralidad cristiana es algo que aún no se ha hecho.

En *Ecce Homo*, Nietzsche se autodefine de la siguiente manera:

> Lo que me define, lo que me separa del resto de la humanidad, es el hecho de que yo he desnudado la moralidad cristiana.

Crítica de la moralidad cristiana

Según Nietzsche, el cristianismo realiza una operación equivalente a la efectuada por Sócrates. Levanta un ideal del ser humano que lo desnaturaliza, que esconde la real naturaleza de los seres humanos, que les da la espalda a aspectos fundamentales de la naturaleza humana. Se trata del ideal del bueno, que tiene como referente el tipo ideal del santo. La mejor forma de vivir es la que se acerca a la figura del santo. Ésa es una invención cristiana, por completo ajena al mensaje de Jesús, para quien no existió la figura del santo, la que es construida posteriormente. En *El crepúsculo de los ídolos*, Nietzsche dice:

> El santo que hace disfrutar a Dios es el castrado ideal [...] La vida se encuentra al final, donde comienza el *reino de Dios* [...]

Al negar a los seres humanos en su real naturaleza, el cristianismo niega la vida. La vida, nos señala, no es ésta. Ésta no es sino un preámbulo para una vida «verdadera» que se iniciará en el momento de la muerte, cuando entremos en el «reino de Dios». El mensaje original de Jesús, tal como Nietzsche lo concibiera, ha sido revertido por completo.

Más adelante, en *Ecce Homo*, sus juicios son más lapidarios:

> La moralidad cristiana –la mayor de las formas malignas de la voluntad de mentir, la real Circe de la humanidad– es aquello que ha *corrompido* a la humanidad. No es el error en cuanto error lo que me horroriza cuando la observo – no es la carencia, por mil años, de «buena voluntad», disciplina, decencia y valentía en los asuntos del espíritu: es su falta de naturaleza, es el hecho escandaloso de que la *anti-naturaleza* misma recibiera los más altos honores y fuera establecida sobre la humanidad como ley e imperativo categórico.

Un poco más adelante, Nietzsche nos explica aquello que le repugna en la moral cristiana:

> Que se le enseñara a los hombres a despreciar los primeros instintos de la vida; que mentirosamente se haya inventado un *alma* para arruinar el cuerpo; que se le enseñara a los hombres a relacionarse con el presupuesto mismo de la vida, la sexualidad, como algo sucio: que se considere que el principio del mal se encuentra detrás de lo más profundamente necesario para el crecimiento, en el *severo* amor a sí mismo (habiendo constituido esta misma palabra en una difamación); que, contrariamente, se levanten los signos típicos de la decadencia de los instintos, como lo son el desinterés, la pérdida de un centro de gravedad, la *despersonalización* y el *amor al prójimo* (la *adicción* al prójimo) como el más alto valor – ¿Qué estoy diciendo? ¡Como el valor *absoluto*!

Para Nietzsche el cristianismo, invocando a Jesús, termina por contradecir lo fundamental de su mensaje. El cristianismo «invierte todo amor hacia lo terrenal [...] en odio hacia la tierra y lo terrenal», expresión que posee fuertes reminiscencias feuerbachianas. Feuerbach había utilizado el criterio de la inversión de la realidad como una de sus armas predilectas de crítica filosófica. Su crítica a Hegel –y en general a la metafísica– se basaba en sostener que éste invertía la realidad al atribuirle a las ideas un rol rector sobre la realidad, siendo que eran los hombres los que generaban las ideas y que era desde la naturaleza que emergían los hombres.[13]

Todo lo anterior lleva a Nietzsche no sólo a separar la figura histórica de Jesús de la figura del Crucificado (y a mostrar cuán profundamente ambas figuras se oponen entre sí),

[13] Ver Rafael Echeverría, *El búho de Minerva*, J. C. Sáez Editor, Santiago, 1989, capítulo IX.

sino a establecer también una tajante oposición entre la figura del Crucificado y la figura de Dionisos, rescatada del pensamiento mitológico de los griegos y elemento fundamental en la interpretación que el mismo Nietzsche ofrece del vigor del espíritu griego no decadente, al espíritu trágico de los griegos.

En *Ecce Homo*, ya nos advertía:

> ¿He sido bien entendido? – Dionisos versus el Crucificado.

En *La voluntad de poder*, Nietzsche se expande:

> Dionisos versus el Crucificado: allí tienen la antítesis. No se trata de una diferencia en torno al martirio – se trata de un significado diferente de él. La vida misma, su eterna capacidad generadora y recurrencia, crea tormento, destrucción, la voluntad de aniquilar. En el otro caso, el sufrimiento – *el Crucificado como el inocente* – vale como una objeción a esta vida, como una fórmula para condenarla. Uno puede percibir que el problema apunta al significado del sufrimiento: donde se contrapone el significado cristiano al significado trágico.
>
> En el primer caso, se supone que el sufrimiento es el camino hacia una existencia santa; en el segundo caso, el ser es considerado *suficientemente sagrado* para justificar una cantidad incluso monstruosa de sufrimiento. El hombre trágico afirma incluso el más duro de los sufrimientos: él es suficientemente fuerte, rico y capaz de divinizar para hacerlo. El cristiano, por el contrario, niega incluso lo que es lo más feliz en la Tierra: él se concibe a sí mismo como suficientemente débil, pobre, desheredado para sufrir de la vida en cualquiera de las formas en que ésta se le presente. El dios en la cruz es una maldición sobre la vida, un aviso para buscar la redención de la vida; Dionisos, aquel dios cortado en pedazos, es una promesa de vida, él renacerá eternamente y volverá a ella cada vez que se encuentre destruido.

Tal como lo planteamos previamente, el programa metafísico, que emerge del desarrollo del pensamiento filosófico griego, y la moralidad cristiana, que lo hace de la tradición religiosa judía, terminan por converger y se constituyen en el sustrato integrado de la cosmovisión y del sentido común occidentales. La teología cristiana asume las premisas centrales de la metafísica. La profunda crisis del nihilismo que afecta a la modernidad tiene estas dos raíces y Nietzsche pareciera entender que su resolución obliga a una profunda crítica de ambas. En consecuencia, su crítica se dirige de manera implacable hacia ambas. Se trata de revertir tanto las premisas de la metafísica como los valores cristianos. A continuación, procuraremos examinar de manera específica la posición que Nietzsche asume frente a las cuatro premisas básicas del programa metafísico. Lo haremos en el mismo orden en las que éstas fueron inicialmente presentadas.

Crítica al carácter dual de la realidad

Tanto la metafísica como el cristianismo postulan que la realidad es dual; que existen dos mundos diferentes. Por un lado, el mundo mismo de la experiencia y de la vida, al que accedemos a través de los sentidos; mundo que se nos presenta como un mundo marcado por la multiplicidad, un mundo contradictorio, inestable. Para la metafísica este mundo es un mundo falso, distorsionado, engañoso, cuya realidad le está conferida por «otro» mundo, que se encuentra más allá del que percibimos, un mundo que se postula como el mundo «verdadero».

Spinoza, cuyo pensamiento impactó fuertemente a Nietzsche, ya se había opuesto de manera terminante a esta división de la realidad en dos mundos y reivindicaba que sólo disponemos de un mundo, el mundo concreto de la experiencia. Nietzsche cierra filas con Spinoza y rechaza de manera inequívoca la presunción del mundo «verdadero» postulado por la metafísica. En *La voluntad de poder* nos encontramos repetidas veces con su crítica a este supuesto mundo «verdadero». Veamos:

> *La psicología de la metafísica*. Este mundo es aparente: por lo tanto, hay un mundo verdadero; este mundo está condicionado: por lo tanto, hay un mundo incondicionado; este mundo está lleno de contradicciones: por lo tanto, existe un mundo sin contradicciones; este mundo es un mundo del devenir: por lo tanto, hay un mundo del ser: todas son conclusiones falsas (confianza ciega en la razón: si A existe, entonces el concepto opuesto B debe existir). Es el sufrimiento lo que inspira estas conclusiones: fundamentalmente ellas son *deseos* de que ese mundo exista: de la misma forma como el imaginar otro mundo de más valor es una expresión del odio por un mundo que nos hace sufrir: el *resentimiento* del metafísico contra la realidad es aquí creativo.

[...] uno debería abolir el mundo *verdadero*. Es el gran inspirador de la duda y el devaluador del mundo que *somos*: ha sido el intento más peligroso de asesinar la vida.

El hombre busca *la verdad*: un mundo que no sea contradictorio, que no sea engañoso, que no cambie, un mundo *verdadero* – un mundo en el que uno no sufra; ¡siendo la contradicción, lo engañoso y el cambio causas del sufrimiento! Él no duda que un mundo como debiera ser existe; él quisiera encontrar el camino para llegar a él.

La felicidad sólo puede ser garantizada por el ser; el cambio y la felicidad se excluyen mutuamente. El mayor de todos los deseos, por lo tanto, contempla la unidad con lo que posee ser. Esta es la fórmula para el camino a la mayor de las felicidades. *In summa*: el mundo como debiera ser existe, mientras que este mundo, en el que vivimos, es un error – este último mundo nuestro no debiera existir. La creencia en lo que posee ser es sólo una consecuencia. El real *primium mobile* es la incredulidad frente al devenir, la desconfianza frente al devenir, la baja valoración a todo lo que deviene.

Los lugares de origen de la noción de *otro mundo*: el filósofo que inventa un mundo de la razón en el que se aplican adecuadamente las funciones lógicas: éste es el origen del mundo *verdadero*. El hombre religioso que inventa un mundo *divino*: éste es el origen de un mundo *desnaturalizado y antinatural*. El hombre moral, que inventa un *mundo libre*: éste es el origen del mundo *bueno, perfecto, justo, sagrado*. ¿Qué tienen en común estos tres orígenes? Un error psicológico garrafal y confusiones fisiológicas. ¿Por cuáles atributos es el *otro mundo distinguido*, tal como aparece en la historia? Por los estigmas de los prejuicios filosóficos, religiosos y morales. Este *otro mundo*, iluminado por estos hechos, se presenta como sinónimo de no-ser, no-vida, no querer vivir. Intuición general: es el instinto del cansancio de vivir y no de la vida, el que ha creado el *otro mundo*.

En *Ecce Homo*, Nietzsche apunta:

> El concepto de *Dios*, inventado como un contra-concepto de la vida [...] El concepto del *más allá*, del *mundo verdadero* inventado para devaluar el único mundo que existe [...] El concepto del *alma*, del *espíritu*, finalmente incluso del *alma inmortal*, han sido inventados para despreciar el cuerpo, para hacerlo enfermo, *sagrado*; para oponerse con espantosa liviandad a todo lo que merece ser tomado en serio en la vida, las cuestiones de nutrición, la residencia, la dieta espiritual, el tratamiento de los enfermos, la limpieza y el clima.

El ser versus el devenir

La segunda premisa del programa metafísico, asociada con la primera, es postular el ser, eterno e inmutable, residente del «mundo trascendente y verdadero», como el fundamento de realidad y en consecuencia negar, de manera directa o indirecta, inmediata o mediata, la realidad del devenir que «aparentemente» acompaña al mundo de la experiencia. Nietzsche no duda en cuestionar la noción de ser, propuesta por la metafísica, y adoptar la perspectiva del devenir, tal como lo planteara Heráclito.

Sin embargo, Nietzsche entiende que existen múltiples dificultades para aceptar el mundo del devenir, a pesar del hecho de que eso es lo que los sentidos nos muestran. Varias de estas dificultades provienen de la estructura de nuestro lenguaje y de las categorías del pensamiento que resultan de ella. Éste es un tema sobre el cual volveremos más adelante.

En *La voluntad de poder*, Nietzsche señala:

> El carácter del mundo en estado de devenir es incapaz de ser adecuadamente formulado y se nos presenta como *falso*, como *auto-contradictorio*.

> Un mundo en estado de devenir no puede, en sentido estricto, ser *comprendido* o *conocido*: sólo en tanto el intelecto que *comprende* y *conoce* encuentra un mundo burdo y ya-creado, concebido de meras apariencias pero que deviene firme como resultado de que esta clase de apariencias ha preservado la vida – sólo en este sentido existe algo como el *conocimiento*, esto es, una manera de medir los errores tempranos y tardíos a partir de ellos mismos.

> El mundo nos parece lógico sólo en la medida en que lo hemos hecho lógico.

La doctrina del ser, de las cosas, de toda suerte de unidades fijas, es cien veces más fácil que la doctrina del devenir, del desarrollo.

En un mundo del devenir, la realidad es siempre sólo una simplificación para fines prácticos, o un engaño a través de la tosquedad de los órganos, o una variación en el tempo del devenir.

Los medios de expresión lingüística son inútiles para expresar el devenir; ello está de acuerdo con nuestra necesidad de preservación de nosotros mismos y de postular un crudo mundo de estabilidad, de *cosas*, etc.

A pesar de todas esas dificultades, Nietzsche nos argumenta que un mundo sustentado en un ser inmutable es insostenible. Algunos filósofos, como Hegel, así lo han comprendido y han desarrollado una suerte de filosofía del devenir. Pero han tratado de hacerlo no rompiendo con la metafísica, sino, al contrario, procurando validarla. La tarea podía haber parecido a algunos una tarea imposible, pero la razón todo lo puede y sus argucias son infinitas. Para abrirse a la noción del devenir, sin contrariar a la metafísica, Hegel afirma el devenir asignándole una dirección: la dirección del Ser. Coloca el devenir en una perspectiva teleológica que lo concibe respondiendo a una intención que lo conduce al Ser. De esta manera se le asigna al devenir una intencionalidad, un propósito, una meta; se le considera un «camino» para el Ser. Nietzsche entiende que para romper con la metafísica es necesario despojar al devenir de esta direccionalidad. Dice, también en *La voluntad de poder*:

Si el movimiento del mundo estuviese dirigido a un determinado estado final, ese estado ya habría sido alcanzado. El hecho único fundamental, sin embargo, es que no persigue un estado final [...] El devenir requiere ser explicado sin recurrir a intenciones finales;

> el devenir debe aparecer como justificándose a sí mismo en cada momento [...]; el presente debe de manera absoluta no justificarse en referencia a un futuro, así como el pasado por referencia al presente [...] Para cumplir con esto es necesario rechazar una conciencia total del devenir, un *dios*, de manera de evitar colocar todos los eventos bajo el eje de un ser que siente y conoce, pero no tiene voluntad. Más estrictamente, uno no debe admitir nada que posea ser porque, de hacerlo, el devenir pierde su valor y aparece superfluo y sin sentido.
>
> El devenir no persigue *nada* ni logra *nada*. Por lo tanto, la decepción en relación a la expectativa de un fin del devenir es una causa del nihilismo.

Todo lo anterior, conduce a Nietzsche a una crítica generalizada contra la gran mayoría de los filósofos que hasta entonces habían existido. En *El crepúsculo de los ídolos*, señala:

> ¿Me preguntan sobre las idiosincrasias de los filósofos? [...] Existe su carencia de sentido histórico, su odio incluso hacia la idea del devenir, su egiptocianismo. Consideran que honran algo cuando lo deshistorizan, *sub especie aeterni* – cuando lo convierten en una momia. Todo lo que los filósofos nos han legado por miles de años han sido momias conceptuales; nada ha escapado vivo de sus manos. Cada vez que ellos buscan rendir culto, ellos matan y asfixian, estos idólatras conceptuales – representan un peligro mortal cada vez que rinden culto. Muerte, cambio, edad, así como procreación y crecimiento, son para ellos objeciones, incluso refutaciones. Lo que es, no *deviene*; lo que deviene no *es* [...] Hoy en día todos ellos creen, hasta la desesperación, en lo que *es*.

En *La voluntad de poder*, Nietzsche sintetiza su propia posición:

1. El devenir no se dirige hacia un *estado final*. No fluye hacia el *ser*.

2. El devenir no es meramente un *estado aparente*; quizás es el mundo del ser el que es aparente.

3. El devenir posee un valor equivalente en cada momento: la suma total de su valor siendo siempre la misma.

Si el devenir no tiene intención, ni dirección preestablecida, ello le permite introducir a Nietzsche un concepto fundamental: el concepto de *la inocencia del devenir*. Éste es un concepto que en la propuesta de Nietzsche sirve de guía para encarar los desafíos de la existencia humana. Como señala en *La voluntad de poder*,

> ¡Sólo la inocencia del devenir nos provee de *la mayor valentía* y de *la mayor libertad*!

Crítica al concepto metafísico de verdad

La manera en que Nietzsche se expresa sobre la verdad podría ser considerada contradictoria. Hay pasajes en los que la condena en forma tajante; hay otros en los que parece defenderla y nos la presenta como el objetivo de su pensamiento. Nietzsche busca desentrañar la verdad. Se pueden encontrar citas en uno u otro sentido. ¿Hay en efecto contradicciones? Consideramos que no. Nietzsche utiliza conceptos distintos de verdad y no siempre se da el trabajo de separar uno de otro. Su principal oposición a la verdad aparece cuando aborda el concepto metafísico de verdad.

De la misma manera, como lo hemos registrado, Nietzsche rechaza el «mundo verdadero» propuesto por la metafísica y, sin embargo, no dudaría en afirmar que sí existe un mundo verdadero y que éste no es otro que aquel que la metafísica califica como falso, como meras y engañosas apariencias. Su relativismo, de existir, es por lo tanto muy relativo y lo encontramos acotado a contextos y referencias que siempre requieren ser especificados.

Nietzsche se opone a un concepto de verdad que esté por sobre los seres humanos y que regule sus condiciones de existencia desde una esfera trascendente. La verdad, para Nietzsche, es un recurso desarrollado por los mismos seres humanos para ayudarse a comprender, a discernir, a separar las interpretaciones engañosas de las que puedan adecuarse mejor al carácter de la vida y del acontecer. No hay una verdad, por lo tanto, fuera del dominio de lo humano. La verdad, por el contrario, es una herramienta de sobrevivencia de los propios seres humanos.

Y, así como no hay verdades trascendentes, no hay tampoco verdades absolutas. En un mundo del devenir la relación de conocimiento que los seres humanos establecen con él necesariamente deviene, se modifica, se transforma.

Ése fue en la Grecia antigua uno de los temas en torno a los cuales se confrontaron los sofistas con los metafísicos. Los sofistas adoptaron un concepto de verdad concebido como el reconocimiento otorgado por la comunidad al mejor argumento. Se trataba tan sólo del «mejor» argumento y su vigencia era obligadamente temporal. Nada impedía que en otro momento surgiera un argumento diferente que fuera preferido por uno anterior o, incluso, que un argumento previamente no favorecido terminara por ser reconocido más adelante. Esto le confería a la verdad un indiscutido sustrato social y hacía de la verdad un mecanismo de regulación social, un mecanismo de regulación de la convivencia y orientador de la acción.

Para la metafísica, en cambio, la verdad representaba el acceso al ser de las cosas, un ser concebido como eterno e inmutable, lo que hacía de la verdad una verdad absoluta, igualmente eterna e inmutable, como el ser que ella devela. Nietzsche rechaza categóricamente esa noción de verdad. En *Humano, demasiado humano*, nos advierte:

> [...] no hay hechos eternos, ni hay tampoco verdades absolutas.

> [...] los hombres creerán que algo es verdadero si resulta evidente que otros creen firmemente en ello.

> [...] la gente tiene dificultad para admitir que todas aquellas cosas que los hombres han defendido con el sacrificio de sus vidas y su felicidad en siglos tempranos no fueron sino errores.

En *La voluntad de poder*, las referencias al tema de la verdad vuelven a aparecer:

> La verdad es el tipo de error sin el cual ciertas especies no podrían vivir.

> [...] lo que en realidad se necesita es que algo sea considerado verdadero – no que algo sea verdadero.

> La verdad es la voluntad de ganar dominio sobre la multiplicidad de las sensaciones.

> *¿Qué es la verdad?* – Inercia, aquella hipótesis que nos deja contentos, el menor gasto de fuerza espiritual, etc.

> Hay muchos ojos diferentes. Incluso la esfinge tiene ojos – y consecuentemente hay muchos tipos de verdad, y consecuentemente no hay verdad.

> Para inventar un mundo de lo verdadero, del ser, el hombre con acceso a la verdad requirió ser creado [...] Alguien simple, transparente, sin contradicciones consigo mismo, durable, que se mantiene siempre igual, sin arrugas, voltio, ocultamiento, forma; un hombre de este tipo concibe un mundo del ser como *Dios* en su propia imagen.

En *Ecce Homo*, Nietzsche nos explica:

> Lo que llamé ídolo en el título [de *El crepúsculo de los ídolos*] es simplemente lo que ha sido hasta ahora llamado verdad. *El crepúsculo de los ídolos* – vale decir: la antigua verdad está llegando a su término. (EH, p. 314)

Al referir la verdad a los hombres, Nietzsche se apoya en Protágoras, el primero de los sofistas mayores. Éste, tal como aludimos anteriormente, había desarrollado la doctrina del *homo mensura*, en la que postulaba que «el hombre es la medida de todas las cosas». Nietzsche, alineándose con Protágoras, asume esa doctrina. En sus notas personales de comienzos de la década de 1870, ésta es una idea que aparece una y otra vez. Veamos algunos ejemplos:

> Todo conocer es un proceso de medición de acuerdo a un criterio. Sin un criterio, es decir sin que haya limitación alguna, no existe el conocer.

> No podemos decir nada sobre la cosa-en-sí, por cuanto en ello eliminamos la plataforma del conocer, es decir, del medir. Una determinada calidad existe *para nosotros*, es decir es medida por nosotros. Si extraemos la medida, ¿qué queda de la calidad?

> El mundo posee su realidad sólo en el hombre.

> [...] el pensamiento básico de la ciencia es que el hombre es la medida de todas las cosas. En último término, toda ley de la naturaleza es una suma de relaciones antropomórficas»

> El hombre como la última y empedernida *medida de las cosas*.

El conocimiento, nos dice Nietzsche, siguiendo a Protágoras, es siempre medida y el hombre es la vara de tal medición. Por lo tanto, todos los condicionantes que se aplican a los hombres aparecen transferidos a la noción de verdad, de manera similar a lo que había hecho la metafísica al asignarle a su concepto de verdad los atributos del Ser. Para Nietzsche, la verdad es múltiple, es plural, en la medida en que los propios hombres son múltiples y diferentes. Lo que se presenta verdadero en una determinada comunidad no es necesariamente verdadero para otra. Lo que resulta verdadero en una determinada época deja de serlo en otra. La verdad es consiguientemente histórica y toda pretensión de una verdad absoluta es ilusoria. Lo verdadero es sólo verdadero mientras no emerja un mejor argumento que lo ponga en cuestión. Y la posibilidad de que emerja un argumento mejor y diferente nunca puede ser excluida.

Para algunos esta posición implica «caer» en el relativismo. Y esta acusación se esgrime como apuntando a un pecado, a una degradación. El relativismo asusta, genera miedo. Se nos sugiere que si la verdad absoluta es negada, todo estaría permitido y no habría nada que nos contuviera. El dominio de la ética se viene abajo. Éste sería un pensamiento sacrílego que es conveniente mantener siempre a distancia; no sería prudente ni sano acercarse a él. Nietzsche lo sabe y reacciona, irónicamente, provocando al timorato, azuzando al cobarde:

> ¡Todo es falso! ¡Todo está permitido![14]

Tenemos la sensación de ver a Nietzsche reírse luego de haber espetado esa frase.

Es interesante, sin embargo, destacar que el peso de la crítica al así calificado «relativismo» de Nietzsche no suela estar dirigido a los argumentos esgrimidos para sustentar tal posición, sino a las consecuencias supuestamente nefastas que resultarían de su eventual validez. Si fuera cierto que el concepto metafísico de verdad ha colapsado, ello sería tremendo, se nos señala. Se podría hacer cualquier cosa. Por lo tanto, no podemos permitir su colapso. No podemos aceptar la idea de que tal concepto requiera abandonarse. Se trata, como puede apreciarse, de una reacción sustentada en el temor y la cobardía.

La crítica del relativismo sólo tiene sentido para quien provenga del dogmatismo de una verdad absoluta. Sólo para éste esta posición resulta ser una degradación relativista, una pesadilla frente a quien vivía en la ilusión de un paraíso de verdades eternas e inmutables. De lo contrario, el reconocimiento del carácter humano e histórico de la verdad puede presentarse de manera muy diferente.

---

[14] Ésta sentencia, de *La voluntad de poder*, es simultáneamente un juego con Dostoievski, quien hace aparecer la expresión «Si Dios no existe, todo está permitido» tanto en *Crimen y castigo*, en boca de Raskolnikov, como en *Los hermanos Karamasov*, en boca de Iván Karamasov.

En otras partes hemos argumentado en relación a dos planteamientos frecuentemente levantados frente a la posición sustentada por Nietzsche: el argumento de los efectos éticos que resultarían de su postura y el argumento que sostiene que, de no existir el referente proporcionado por una verdad absoluta, todo conocimiento es equivalente a cualquier otro.[15]

En relación al primer argumento, el de los efectos éticos, hemos sostenido que la posición que rechaza la noción de una verdad absoluta nos permite avanzar hacia una ética de la convivencia muy superior, sustentada en el respeto mutuo, y en la cual deja de ser posible escudarse en la invocación de «mi» verdad para recurrir a la violencia y a la exclusión de quien piensa diferente de mí o de nosotros.

En relación al argumento que sostiene que al abandonar el criterio de la verdad absoluta nos quedamos sin poder discriminar entre dos propuestas alternativas, hemos señalado que eso es falso, tal como nos lo demuestra el desarrollo del conocimiento científico, que prescinde de una noción de verdad absoluta. Existen múltiples otros criterios de discriminación. Y coincidimos con el mismo Nietzsche que quizás el más importante de ellos es el *poder* diferencial que se derivan de propuestas alternativas, lo que se expresa en las diferentes posibilidades de acción que ellas habilitan y en los distintos resultados que nos permiten alcanzar en la vida.

El abandono del criterio de la verdad absoluta se traduce por lo tanto en el incremento del sentido de responsabilidad que el ser humano establece frente a lo que piensa. Frente a la noción de la verdad absoluta, dejamos de asumir un sentido de responsabilidad individual frente a lo que sostenemos. Deja de ser un pensamiento nuestro y pasa ahora a ser «la verdad». Ello impone

[15] Ver Rafael Echeverría, *Ontología del lenguaje* (1994) y *El observador y su mundo* (2008). Particularmente en éste último libro, pp. 140-143.

una determinada relación entre el ser humano que piensa y su propio pensamiento. Uno de los términos que define esta relación es el de «convicción». Al estar «convencidos», la verdad invocada nos somete, nos subordina, pues nos ha vencido. Dejamos de resistir. Nietzsche critica duramente las convicciones. En *El Anticristo*, escribe:

> Las convicciones son prisiones. No ven lejos, no ven por debajo de ellas.

En *Humano, demasiado humano*, Nietzsche señala:

> Las convicciones son enemigas de la verdad, más peligrosas que las mentiras.

Nietzsche se opone a lo que llama «el *pathos* de la verdad». En sus notas personales tempranas nos advierte:

> El *pathos* de la verdad está basado en la creencia.

> [...] toda posesión de la verdad no es sino en su raíz una creencia de que uno posee la verdad.

> Sin estar preso de un *engaño* unánime, nadie puede creer con certidumbre que posee la verdad.

> Incluso la creencia en la verdad es un engaño.

> Nuestra salvación no reside en *conocer*, sino en *crear*.

Si cuestionamos las convicciones y aceptamos que toda verdad se sustenta en creencias y, en último término, en la fe en determinados supuestos, ¿cuál sería entonces el tipo de relación alternativa que Nietzsche postula? Como buen hijo de la modernidad, para Nietzsche es importante sustituir las convicciones, las creencias y la fe por la duda y la sospecha. El saberse «la medida de todas las cosas» implica transferir al conocimiento humano el reconocimiento del carácter siempre precario y limitado que los seres humanos se reconocen a sí mismos. Nunca podemos estar seguros de lo que creemos saber. Como nos señala en *Más allá del bien y del mal*,

> [...] el filósofo tiene hoy el *deber* de desconfiar, de mirar maliciosamente de reojo desde todos los abismos de la sospecha.

Pero Nietzsche va incluso más lejos. En su reconocimiento de que el hombre es la medida de las cosas, nos advierte que en su relación de conocimiento con ellas el propio hombre se interpone y con ello las tapa frente a sus ojos, así como él mismo se tapa frente a la posibilidad de percibirse y reconocerse.

Dice, en *Aurora*:

> ¿Por qué no ve el hombre las cosas? Se interpone a sí mismo: tapa las cosas.

Y en *Humano, demasiado humano:*

> El ser humano está muy bien defendido contra sí mismo, contra los reconocimientos y asedios realizados por él; habitualmente lo único que es capaz de percibir de sí son sus obras exteriores.

A partir de todo lo anterior, ¿es posible el conocimiento para Nietzsche? Y, si es posible, ¿en qué consiste? ¿De qué se trata? La respuesta de Nietzsche es tajante: el conocimiento no es otra cosa que *interpretación*. Y toda interpretación no es sino un acto de creación de sentido efectuado por los seres humanos, de un sentido que será siempre provisorio, siempre particular, siempre corregible, en un proceso en permanente transformación. El sentido que las interpretaciones le asignan al mundo no pertenece al mundo, sino a los seres humanos que se lo asignan. En *La voluntad de poder*, señala:

> En la medida en que la palabra «conocimiento» tiene algún significado, el mundo es conocible; pero es *interpretable* de otras maneras, no posee un sentido detrás suyo, sino innumerables sentidos.
>
> La mayor de todas las fábulas es la fábula del conocimiento. Uno quisiera saber lo que son las cosas-en-sí; pero, cuidado, ¡no existen las cosas-en-sí! Incluso suponiendo que existiera un en-sí, una cosa incondicionada, ¡por esa misma razón no sería conocible! Algo incondicionado no puede conocerse pues de lo contrario no sería incondicionada.
>
> La pluralidad de interpretaciones es una señal de fuerza. No deseemos privar al mundo de su carácter inquietante y enigmático.
>
> «Interpretación», el introducir sentido – no «explicación» [...] No existen los hechos, todo está en un flujo y es incomprensible y elusivo; lo que es relativamente más duradero son nuestras opiniones.
>
> Los hechos son precisamente lo que no hay, sólo hay interpretaciones.
>
> No hay hechos-en-sí-mismos, en la medida en que un sentido requiere ser proyectado en ellos antes de que puedan ser «hechos» [...] En el fondo sólo hay «lo que existe para *mí*».
>
> El valor del mundo yace en nuestra interpretación [...]; que las interpretaciones previas han sido evaluaciones realizadas desde un determinada perspectiva, en virtud de las cuales podemos sobrevivir en la vida, esto es, en *La voluntad de poder*, al servicio del crecimiento del poder; que cada elevación del hombre trae consigo la superación de interpretaciones más estrechas; que cada fortalecimiento e incremento

> de poder abre nuevas perspectivas que se traducen en la creencia de nuevos horizontes – esta idea permea todos mis escritos.

Nietzsche bautiza esta posición con el nombre de «perspectivismo».

Crítica a la primacía de la razón

Como acontece con el tema de verdad, es muy importante situar con precisión la crítica que Nietzsche dirige al papel que la metafísica le confiere a la razón. Nietzsche no rechaza la razón. Ésta es, por el contrario, su principal arma de combate y una de sus herramientas de trabajo. Nietzsche admira el poder de la razón y procura extraerle su mayor provecho. Pocas cosas podrán distorsionar más lo que Nietzsche hace y busca que el presentarlo como un irracionalista. Pocos han admirado con más fuerza que él el poder de la razón. A lo que se opone Nietzsche es a la manera como la metafísica concibe al ser humano al definirlo como un ser racional por excelencia y al restringir su humanidad a su capacidad racional. Nietzsche se opone a una visión unilateral y reduccionista del ser humano, que lo restringe a su capacidad racional y que le da las espaldas al rol que tienen en él otras dimensiones, como el cuerpo, las emociones y los instintos.

Esta mirada unilateral del ser humano lo castra, lo niega en su compleja multiplicidad y, al hacerlo, termina por oponerse a las condiciones inherentes e imprescindibles de la existencia humana. La primacía que la metafísica le confiere a la razón en su concepción del ser humano acaba manifestándose en una negación de la propia vida. Y así como no es posible excluir la corporalidad, las emociones y los instintos, tampoco es posible el dominio del pensamiento y de la propia razón de la influencia gravitante que ellos ejercen sobre ésta.

El carácter de la razón se opone, por lo demás, al carácter de los seres humanos. Éstos son múltiples, contradictorios, ambiguos, sombríos. Todo ser humano emerge de un oscuro fondo dionisíaco. La razón, por el contrario, es por naturaleza lineal, luminosa, reduccionista y, por consiguiente, marcadamente apolínea. La mirada al ser humano desde la prioridad de la razón no sólo lo distorsiona, lo castra, lo «blanquea» e introduce en su comprensión del fenómeno humano un elemento profundamente decadente. Éste es un punto al que volveremos más adelante.

Examinemos algunas ideas de Nietzsche al respecto. Destaquemos en primer lugar la importancia que le confiere al cuerpo. En *La voluntad de poder*, nos dice:

> Esencial: partir del *cuerpo* y emplearlo como guía. Es un fenómeno mucho más rico, que permite una capacidad más clara de observación. La creencia en el cuerpo está mejor establecida que la creencia en el espíritu.

Y en una frase en la que Nietzsche pareciera referirse tanto a Sócrates como a Pablo, a los que califica como «despreciadores del cuerpo», se pregunta:

> ¿Existe acaso una aberración mayor que el desprecio del cuerpo?

En *El crepúsculo de los ídolos*, encontramos algunas referencias en relación a los fenómenos emocionales, a los Nietzsche engloba bajo el término de pasiones:

> *Exterminar* las pasiones y deseos sólo para alejarnos de sus locuras y consecuencias desagradables – ello nos parece hoy en día meramente una aguda forma de locura.

> [...] atacar las pasiones en sus raíces significa atacar la vida en sus raíces: la práctica de la Iglesia es *hostil hacia la vida.*

Por último, es interesante la estrecha relación que Nietzsche, en *La voluntad de poder*, plantea entre la creatividad y la sexualidad:

[...] sin un cierto sobrecalentamiento del sistema sexual, un Rafael es impensable.

Todo arte opera tónicamente, incrementa la fuerza, inflama los deseos (vale decir, el sentimiento de fuerza), excita las más sutiles formas de intoxicación, existe una memoria especial que penetra en tales estados: un mundo de sensaciones distante y transitorio vuelve cuando ello acontece.

El *placer* aparece cuando emerge un sentimiento de poder.

En esos fragmentos póstumos, Nietzsche nos convoca a reconocer la importancia creativa de la voluptuosidad y nos insta a «¡No ser un despreciador de la voluptuosidad!», como lo fuera Sócrates. Éste último pareciera estar permanentemente presente para Nietzsche.

Nietzsche es de la opinión de que es a partir de experiencias de este tipo, de alta sensualidad, que se crean las condiciones para la emergencia del lenguaje.

El estado estético posee una sobreabundancia de medios de comunicación, junto con una receptividad extrema de estímulos y signos. Él constituye el punto alto de la comunicación entre creaturas – es la fuente de los lenguajes. Es aquí donde los lenguajes se originan: los lenguajes de tono como también los lenguajes de gestos y miradas.

El concepto de la inocencia del devenir se encuentra fuertemente asociado en Nietzsche al criterio de la necesidad. El devenir no sólo no acontece guiado por intenciones o por una determinada finalidad, el devenir se rige por el criterio de la necesidad de su acontecer. De allí que, para Nietzsche, resulte absurdo culpar al devenir, pelear contra él o resentirnos porque tal o cual cosa aconteció o no aconteció. Todo lo que acontece era necesario que aconteciera. Los conceptos de *amor fati* y de la inocencia del devenir parecieran fundirse en uno solo. Los errores no son nunca arbitrarios.[16]

Ésa es una idea que se reitera en *Humano, demasiado humano*:

> [...] todo es necesario [...]
>
> [...] no tiene sentido alguno alabar o culpar a la naturaleza y a la necesidad.
>
> Todo es necesidad: éste es el nuevo conocimiento y este conocimiento por sí mismo es necesidad. Todo es inocencia: y el conocimiento es el camino a la intuición de esta inocencia.

---

[16] Leibniz había planteado esta idea de manera diferente al sostener: «Todo tiene razón». Pero su formulación está articulada en términos que sirven a la sensibilidad metafísica, al conferirle a la razón un papel omnipresente. Este papel conduce luego a Hegel a sostener que «todo lo real es racional» y a hacer de la razón el fundamento de la realidad. Ello nos permite apreciar cómo la filosofía cae en habitualmente en las trampas del lenguaje.

Ello implica que la propia metafísica fue necesaria, así como será necesaria su superación. De aceptar esa premisa, es importante preguntarse por las condiciones en las que esa necesidad se sustenta. Para Nietzsche es el fenómeno del nihilismo el que determinará, en último término, la necesidad de la superación de la metafísica. Pero, ¿cuáles fueron las condiciones que hicieron necesaria la propia metafísica? En la medida en que Nietzsche rechaza desarrollar un pensamiento sistemático, no disponemos de una respuesta sistemática a esta pregunta. Pero ello no implica que no tengamos elementos para deducir sus posibles respuestas. En forma algo desordenada, Nietzsche se hace cargo de este problema y nos entrega algunos caminos para resolverlo.

En términos generales, consideramos que Nietzsche nos ofrece tres caminos de respuesta a esa interrogante. Los llamaremos el camino histórico-cultural, el psicológico y el lingüístico. Desde un punto de vista histórico-cultural, Nietzsche nos insiste en que la opción metafísica que desarrollaron Sócrates, Platón y Aristóteles debe ser puesta en el contexto de una cultura en decadencia en la antigua Grecia. Los metafísicos son la expresión de una decadencia cultural que los antecedía y a través de la cual se percibía una creciente disolución de los valores del mundo griego arcaico, lo que se expresaba en la imposición del espíritu apolíneo por sobre el espíritu dionisíaco, que queda sofocado.

El esplendor del mundo griego culminó en el período clásico de la Atenas de Pericles y lo vemos encarnado en los grandes trágicos, Esquilo y Sófocles, como en el gran historiador Tucídides y en los sofistas mayores, Protágoras y Gorgias. Ése es también el período en el que los propios signos de la decadencia cultural comenzaron a hacerse manifiestos, tal como se expresaron en Eurípides y particularmente en Sócrates. No es del caso hacer un análisis de este período histórico-cultural. Lo que nos interesa es apuntar a él y reconocerlo como un camino que da cuenta de la declinación valórica que entonces afecta a la sensibilidad helénica.

El camino psicológico apuntado por Nietzsche, aunque está asociado al tema de la decadencia histórico-cultural, aporta algunos antecedentes nuevos. Frente a la disolución de los valores tradicionales y nobles del helenismo, los hombres de esa época debieron encarar una importante crisis en su sentido de vida. Al no contar ellos con el apoyo de tales valores tradicionales, el miedo, la inseguridad y el sufrimiento personal se incrementaron. Para enfrentarlos buscaron protección, tratando de apaciguar el miedo, disminuir la inseguridad y reducir el sufrimiento. Buscaron recuperar el sentido de confianza que habían perdido, una confianza en la vida y una confianza en lo que los esperaba luego de la muerte. El honor de la victoria y el reconocimiento de sus respectivas comunidades, que fueron centrales para los espíritus nobles de la Grecia anterior, ya no proveían los estímulos necesarios para encarar los desafíos de la existencia.

Nietzsche nos reitera en múltiples lugares cómo estos elementos psicológicos están detrás de la emergencia de la propuesta metafísica. Algunos aparecen mencionados en las referencias anteriores. Ya lo mencionamos. En *El nacimiento de la tragedia*, Nietzsche insinúa que la propuesta de Sócrates pudo haber sido una respuesta al miedo frente al pesimismo que le imponían los valores de su época y una modalidad de escapar de él. «¿Fue éste quizás tu secreto, gran Sócrates?», le pregunta Nietzsche a la distancia. Conocida es también su sentencia de que «el miedo es la madre de la moralidad».

Sin embargo, creemos que es en el desarrollo de lo que hemos llamado el camino lingüístico donde Nietzsche hace una de sus más brillantes contribuciones. Es éste camino lo que examinaremos en las próximas secciones.

El programa metafísico y las trampas del lenguaje

Quizás inspirado por las enseñanzas de Heráclito que había hecho del *logos* el principio de todo lo existente; quizás a raíz de la influencia de los sofistas y de la importancia que éstos les conferían al lenguaje y a la retórica; quizás incluso a partir de su propia formación como filólogo; quizás a raíz de otras influencias que no logramos precisar; el hecho es que Nietzsche es el primer filósofo de la modernidad que hace del lenguaje un dominio fundamental para comprender el ser humano. Ésta será con el tiempo una de sus contribuciones más importantes.

Su intuición sobre la importancia del lenguaje como creador de mundo y clave de la cultura resulta sorprendente para su época. En *Humano, demasiado humano*, Nietzsche nos señala:

> La importancia del lenguaje para el desarrollo de la cultura yace en el hecho de que, en el lenguaje, el hombre yuxtapone al mundo dado otro mundo construido por él, un lugar en el cual él pensó tan robustamente que desde él le fue posible mover el resto del mundo desde sus fundamentos y hacerse el amo de él. En la medida en que creyó durante un largo tiempo en los conceptos y nombres de las cosas como si ellos fueran *aeternae veritates*, el hombre adquirió el orgullo a través del cual se elevó a sí mismo por sobre los animales: realmente creyó que a través del lenguaje él alcanzaba el conocimiento del mundo.

Pero ello genera simultáneamente algunos problemas. Descubriremos que estos problemas son de muy distinto tipo. Por ahora, bástenos reconocer que,

> Por cuanto por miles de años hemos estado mirando el mundo con reivindicaciones morales, estéticas y religiosas, con ciega inclinación,

pasión o miedo, y nos hemos permitido caer por completo en los malos hábitos de un pensamiento ilógico, este mundo se convirtió gradualmente en uno tan fuertemente colorido, atemorizante, profundo, cargado de alma; él ha adquirido color, pero nosotros hemos sido los pintores: el intelecto humano permitió que surgiera la apariencia y proyectó sus concepciones equivocadas sobre las cosas.

Kant, en su momento, se había planteado la relación entre la conciencia y el pensamiento, por un lado, y la realidad, por el otro. Había señalado que la estructura de la conciencia afecta y ejerce un rol activo en nuestro entendimiento. Nietzsche cambia los términos del problema y en vez de hacer de la conciencia el filtro de la realidad, como lo concebía Kant, él antepone el lenguaje. Nuestra imposibilidad de alcanzar aquella verdad postulada por la metafísica, no sólo resulta del carácter dinámico de un ser en transformación permanente, sino también del hecho de que nuestra relación con la realidad se lleva a cabo a través del lenguaje.

El lenguaje, por su propia naturaleza, nos acerca a las cosas pero simultáneamente nos separa de ellas. El lenguaje hace referencia a las cosas por referencia a sí mismo y nunca por una referencia estricta a ellas mismas. Todo concepto, toda palabra, nos dice Nietzsche, es siempre una metáfora. Es una expresión lingüística que levantamos frente a algo que el lenguaje en rigor nunca logra penetrar. Toda teoría, toda explicación, no es sino un interpretación que realizamos desde el lenguaje y que conlleva su sello. El pensamiento se subordina, por lo tanto, al carácter y a la estructura del lenguaje.

El pensador cree habitualmente servirse del lenguaje, nos dice Ludwig Schajowicz al hablarnos de Nietzsche. Pero es el lenguaje él que se ha servido de él. Darse cuenta de esto es ya, de alguna manera, liberarse de su embrujo y de las fantasmagorías con las que nos seduce. En *El crepúsculo de los ídolos*, Nietzsche exclama:

> La razón en el lenguaje: ¡oh, qué vieja hembra engañadora! Me temo que no nos vamos a desembarazar de Dios porque creemos aún en la Gramática. (CI, p. 38)

Las palabras no son neutrales. Ellas constituyen nuestro mundo y lo hacen no sólo de acuerdo a él, sino también de acuerdo a ellas. En la medida en que sin recurrir al lenguaje no podemos pensar, las palabras y la estructura del lenguaje, la gramática, conducen nuestro pensamiento, inducen ciertas preguntas, nos sugieren determinadas respuestas, nos empujan hacia ciertos caminos, nos cierran otros. Creemos que somos autónomos para dirigir nuestro pensamiento y normalmente no nos damos cuenta de las variadas formas en que el lenguaje nos condiciona y conduce.

«¡Vieja hembra engañadora!», acusa Nietzsche a la gramática. Sin darnos cuenta, nos dejamos agarrar por sus trampas, caemos en su hechizo, en sus viejas trampas seductoras. Para ganar al menos algunos grados de libertad en nuestra capacidad de pensamiento autónomo, nos dice Nietzsche en *Más allá del bien y del mal*:

> [...] debemos realmente liberarnos de la seducción de las palabras.

En la segunda parte de *Humano, demasiado humano*, titulada *El viajero y su sombra*, Nietzsche ha insistido en esta misma idea:

> [...] hay oculta en el lenguaje una mitología filosófica que a cada instante reaparece, por muchas precauciones que se tomen.

El lenguaje da cuenta de la realidad de la única manera que le es posible: reflejándola en su propia estructura y colocándola en el interior de una camisa de fuerza formada por sus categorías y reglas de asociación. Las formas con la que representamos de la realidad no son formas de la realidad, sino las formas del lenguaje que utilizamos para dar cuenta de ella. Nietzsche dice en *La voluntad de poder*:

> El pensamiento racional es una interpretación conforme a un esquema del que no podemos prescindir.

La verdad de la que nos hablan los metafísicos no es sino un espejismo producto del lenguaje. Y, como con todo espejismo, estamos condenados a no poder arribar nunca a ella. Lo que permite discriminar entre dos argumentos no es la verdad, como proclama la metafísica, sino el poder que asociamos a cada uno. Señala Nietzsche:

> Todo está sujeto a interpretación; lo que hace que una determinada interpretación prevalezca en un momento determinado es función de su poder y no de su verdad.

Lo que le confiere ventaja a una interpretación sobre otras son las posibilidades que abre y la capacidad de acción que habilita, y no, como nos sugiere la metafísica, la capacidad que ellas exhiban para desnudar el ser.

Si bien Nietzsche no prescinde de una determinada noción de verdad, sustituye el concepto fuerte y sólido que nos había entregado la metafísica por un concepto blando. La verdad para Nietzsche es construida por los seres humanos y se encuentra, como todo, en un proceso de transformación permanente. Las verdades de ayer dejan de ser las verdades del mañana. Sin embargo, en todo momento tenemos la posibilidad de discernir entre los argumentos disponibles. No podemos aspirar a más. Nada permite ser levantado como una verdad absoluta, fuera del tiempo histórico. Pensar en otros términos es tan sólo ingenuidad.

Nietzsche va, sin embargo, más lejos. La forma como vemos las cosas, señala, no sólo resulta de aquello que observamos, sino del lugar de observación que adoptamos. Siempre estamos en algún lugar que compromete y contamina nuestra mirada. Tenemos posiciones de acuerdo a la posición en la que nos situamos. Tenemos perspectivas de acuerdo a la inclinación de nuestra mirada. Vivimos en mundos interpretativos. Estamos atrapados en las garras del lenguaje y éste nos tiene cautivos. Como sentencia Nietzsche, «el lenguaje es nuestra prisión» y no tenemos la llave de la celda en la que estamos recluidos. No podemos liberarnos del lenguaje. Pero, dicho así, ello está mal expresado. Cualquier sentido de libertad que invoquemos se lo debemos también al lenguaje. El lenguaje no es sólo fatalidad, es simultáneamente nuestra posibilidad de grandeza.

Desde Heráclito, para quien el principio de inteligibilidad de la realidad residía en el *logos*, en la palabra, y desde los sofistas, para quienes el lenguaje representaba nuestra principal herramienta para enfrentar los desafíos de la existencia, nadie, hasta Nietzsche, había vuelto a conferirle al lenguaje una importancia equivalente. Nietzsche, como hemos dicho, es el primer filósofo moderno que destaca la importancia del lenguaje. Lo seguirán muchos.

¿Cuáles son algunas de las trampas del lenguaje de las que nos habla Nietzsche? Identificamos al menos dos: la trampa de la cópula y la trampa del sujeto. Pero antes de entrar en ellas, examinemos la manera como Nietzsche interpreta las palabras.

Las palabras y las cosas

El papel que Nietzsche le confiere al lenguaje representa una pieza esencial en el conjunto de su obra. Al respecto consideramos a Nietzsche como un visionario que anticipa a grandes filósofos del siglo veinte, como Ludwig Wittgenstein, Martin Heidegger y Martin Buber, y a los muchos que los seguirán. Su preocupación por el lenguaje marca un hito en la historia de la filosofía. Hasta entonces, como lo vemos en Kant y en Hegel, el prisma central de observación de la reflexión filosófica había sido la conciencia. Nietzsche parece comprender que no podemos entender los caminos de la conciencia sin reconocer las trampas y el poder de seducción del lenguaje y, especialmente, de esa «vieja hembra engañadora» que es la gramática. La historia de la filosofía no sólo había hecho de la conciencia su principal objeto de reflexión, sino que además la propia reflexión que sobre ella se hacía estaba por completo contaminada por esas mismas trampas del lenguaje. Doble culpabilidad.

La reflexión de Nietzsche sobre el lenguaje es uno de los desarrollos más tempranos en su desenvolvimiento intelectual. Buena parte de ella se encuentra en sus notas personales de comienzos de la década de 1870, recopiladas luego en *Philosophy and Truth: Selections from Nietzsche's Notebooks of the Early 1870's*. Resulta interesante revisar los planteamientos contenidos en esas notas. Allí, Nietzsche se refiere al «filósofo atrapado en las redes del lenguaje». Más adelante, señala:

> Las palabras son las seductoras de los filósofos; ellos luchan en las redes del lenguaje.

A diferencia de la tradición filosófica, Nietzsche nos propone una indagación sobre esas trampas del lenguaje y desarrolla su propia reflexión filosófica advertido de ellas, tomándolas en consideración y procurando evitarlas. Ello le impide llegar a muchas conclusiones que resultaban frecuentes en el pensamiento filosófico anterior. Por el hecho de estar advertido de las trampas del lenguaje, sus propias conclusiones filosóficas se ven afectadas, por cuanto muchos de los caminos previamente seguidos quedan cerrados.

Un importante tema de reflexión es la concepción que ofrece Nietzsche acerca de las palabras. Todavía no estamos en el terreno de la gramática. Lo que le interesa a Nietzsche es determinar si las palabras, incluso antes de articularse unas con otras de acuerdo a determinadas leyes, introducen un primer elemento de distorsión en nuestra mirada al mundo, en nuestra manera de hacer sentido de él y en el desarrollo del pensamiento. Éste había sido, por lo demás, un tema fundamental en la reflexión de Sócrates: ¿expresan las palabras la naturaleza de las cosas? ¿Existe acaso una adecuación entre la palabra y la cosa que ella designa? La respuesta que nos entrega Nietzsche será diametralmente opuesta a la de Sócrates, quien afirmaba la relación de adecuación entre las palabras y las cosas.[17]

Nietzsche postula que una palabra no es sino una metáfora. No existe, por lo tanto, una adecuación entre las palabras y las cosas. El nombre que le conferimos a una cosa es algo arbitrario, sancionado por una convención social, y que opera en tal sentido como una máscara de la cosa designada. En las notas ya mencionadas, reitera esa idea en varias oportunidades:

> [...] creemos que sabemos algo sobre las cosas cuando hablamos de árboles, colores, nieve y flores: y, con todo, sólo poseemos metáforas sobre las cosas – metáforas que en modo alguno corresponden a las entidades originales.

[17] Ver al respecto el diálogo entre Sócrates y Hermógenes que Platón nos presenta en *Cratilo*.

> [...] el creador de lenguaje [...] sólo designa las relaciones de las cosas con los hombres y para expresarlas se ayuda de las más audaces metáforas.

> [El investigador de la verdad] olvida que las metáforas perceptuales originales son metáforas y las considera ser las cosas mismas.

> El impulso hacia la formación de metáforas es el impulso humano fundamental, del que no podemos ni por un instante prescindir en el pensamiento por cuanto uno prescindiría del hombre mismo.

> [...] los nombres [...] son también seductores.

> El conocer no es sino un trabajo con las metáforas favoritas, una imitación que ha dejado de sentirse como imitación. Por lo tanto, por su naturaleza no puede penetrar en el reino de la verdad.

Esta concepción sobre el carácter de las palabras le permite a Nietzsche volver a plantearse la pregunta sobre la verdad y responder a ella incorporando estos desarrollos.

> ¿Qué es entonces la verdad? Un huésped móvil de metáforas, metonimias y antropomorfismos: en breve, una suma de relaciones humanas que han sido poética y retóricamente intensificadas, transferidas, embellecidas, y que, luego de un uso prolongado, le producen a la gente la apariencia de ser fijas, canónicas y obligatorias. Las verdades son ilusiones sobre las cuales hemos olvidado que son ilusiones; son metáforas que han terminado desgastándose y que se han visto despojadas de su fuerza sensual, monedas que han perdido su grabado y que ahora son consideradas como metal y no como monedas.

A partir de este reconocimiento, Nietzsche critica la operación reflexiva favorita de Sócrates, tal como ella se nos presenta en los diversos diálogos en los que Platón nos presenta a Sócrates argumentando. Esta estructura de argumentación, utilizada recurrentemente por Sócrates, es conocida técnicamente como el *elenchus*. Sócrates inicia el diálogo tomando el nombre de una determinada virtud y procurando llevar a su interlocutor a reconocer la presencia de una realidad trascendente detrás de ese nombre.

Si hablamos, por ejemplo, de la honestidad, el propósito de Sócrates es demostrarle a su interlocutor que no le es posible invocar que sabe de la honestidad, a menos que reconozca el «ser» de la honestidad, la honestidad como una categoría universal y abstracta, que se sitúa más allá de cada una de sus expresiones concretas de la experiencia cotidiana de los seres humanos. El «ser» de cada cosa no es, según Sócrates, sino el «modelo original» a partir del cual emergen las cosas concretas de la experiencia. Sin alcanzar el «ser» de las cosas, según el argumento de Sócrates, no podemos invocar ningún conocimiento de la realidad. Nietzsche critica los supuestos en los que descansa ese argumento y lo hace desde su particular reflexión sobre el proceso de formación de las palabras. Veamos cómo argumenta Nietzsche:

> Todo concepto surge de una operación de equivalencia de cosas diferentes. Tal como es cierto que una hoja no es nunca igual a otra, también es cierto que el concepto de «hoja» se forma al descartar arbitrariamente estas diferencias individuales y al olvidar los aspectos que las distinguen. Ello despierta la idea de que, además de las hojas, existe «la hoja» en la naturaleza: el modelo original de acuerdo al cual todas las hojas fueron tejidas, dibujadas, medidas, coloreadas, dobladas y pintadas – pero por manos incompetentes de manera que ningún ejemplar de ellas resultó correcta, confiable y fiel al modelo original.

No tenemos cómo conocer la cualidad esencial de la «honestidad»; pero sí conocemos el sinnúmero de acciones individuales y desiguales que equiparamos a través de omitir los aspectos que las hacen diferentes y que ahora designamos como acciones «honestas». Terminamos por formular desde ellas una *calidad oculta* que bautizamos como «honestidad».

De allí que no pueda extrañarnos una de sus conclusiones centrales:

> La actividad espiritual de milenios está depositada en el lenguaje.

El conjunto de estas tempranas conclusiones lo vemos proyectado en sus obras posteriores. Veamos algunos ejemplos:

> Toda filosofía *esconde* también una filosofía; toda opinión es también un escondite, toda palabra, también una máscara.
>
> (*Más allá del bien y del mal*)

> Cada palabra es un prejuicio.
>
> (*Humano, demasiado humano*)

> El lenguaje, parece, ha sido inventado sólo para decir lo ordinario, mediano, comunicable. Con el lenguaje se *vulgariza* ya el que habla.
>
> (*El crepúsculo de los ídolos*)

> En todas partes donde nuestros lejanos antepasados colocaron una palabra creyeron haber hecho un descubrimiento. ¡Qué distintas eran en verdad las cosas! Habían tocado un problema y mientras se figuraban haberlo *resuelto*, habían creado un obstáculo para su solución. – Ahora, en cada conocimiento, tenemos que tropezar con palabras eternizadas, duras como peñascos, y antes de romper una palabra nos romperemos una pierna.
>
> (*Aurora*)

La trampa de la cópula

La racionalidad lógica, para Nietzsche, no es un dominio superior al lenguaje, sino tributario de él. La lógica arrastra las limitaciones que presenta el lenguaje y ellas se convierten, transitivamente, en limitaciones de nuestro pensamiento. Se trata de una expresión más del poder del *logos*, del que nos hablaba Heráclito. La propuesta de Parménides, desde esta perspectiva, no era sino la expresión de una gran trampa del lenguaje.

Esa trampa podemos llamarla «trampa de la cópula». La cópula es una de las modalidades en que usamos el verbo ser en nuestro lenguaje ordinario, específicamente en las que llamamos proposiciones de identidad, como, por ejemplo, cuando decimos «Sócrates es mortal». El verbo ser es un operador lógico que utilizamos con el propósito de desarrollar el conocimiento. La acción de conocer la enmarcamos en una estructura gramática del tipo «¿cómo es tal o cual cosa?» o bien «¿cómo es tal o cual persona?». La respuesta que damos suele recurrir precisamente a estas proposiciones de identidad a través de las cuales respondemos, «tal cosa "es" de tal manera», o bien «Sócrates "es" mortal». Recurrimos al verbo ser para establecer una determinada unidad o unión (*copula* en latín) entre el sujeto de la proposición y el predicado que lo describe.

Todo ello fluye de manera transparente. Pero esta transparencia no es inocente. Ella nos induce a pensar que estamos describiendo el «ser» de Sócrates. Con ello convertimos el carácter activo de la cópula en algo pasivo, convertimos el verbo en sustantivo. A partir de esto sólo hay un corto paso para identificar el conocimiento y la verdad con el ser y para hacer del ser el fundamento de toda realidad. El pensamiento ha caído en los engaños de la gramática. Pero la categoría del ser inducida por la gramática tiene múltiples otros efectos. Les confiere a las cosas y a la misma realidad una supuesta unidad, negando su carácter múltiple y contradictorio; les confiere estabilidad, desconociendo que ellas se encuentran en un proceso de transformación permanente. Hace girar la realidad en torno a la noción del ser y cancela el devenir. En *El crepúsculo de los ídolos*, Nietzsche reconoce este fenómeno:

> Nada, de hecho, ha tenido hasta ahora un mayor poder directo de persuasión que el error del ser, tal como éste fue formulado, por ejemplo, por los Eleáticos[18]: ¡pues cada palabra, cada frase que emitimos habla en su favor!

Con posterioridad a Nietzsche, tanto la lógica moderna como la filosofía del lenguaje han trabajado en profundidad los efectos de las restricciones del lenguaje en el pensamiento. Desde la filosofía del lenguaje, Ludwig Wittgenstein sostiene que muchos de los desarrollos filosóficos del pasado surgieron, en rigor, de errores gramaticales o de ambigüedades en el lenguaje. Para Wittgenstein, muy en línea con lo planteado por Nietzsche, la metafísica entera forma parte de los efectos de estos errores gramaticales y dan cuenta de una filosofía que pierde el rigor lingüístico y «se va de vacaciones».

¿Tenemos alguna manera de liberarnos de este cautiverio? Liberarnos no podemos, pero según Nietzsche podemos contrarrestar algunos de sus efectos a través del propio poder del lenguaje. Esto lo hacemos precisamente advirtiéndonos, a través del mismo lenguaje, del problema de sus limitaciones y posibles trampas. Al reconocer nuestro cautiverio y al comprender el carácter de sus trampas, logramos grados de libertad que, de lo contrario, no tendríamos. Ésta era, por lo demás, una antigua consigna gnóstica. El sabernos cautivos nos abre una puerta para una primera forma de liberación.

---

18 Parménides y su escuela.

La trampa del sujeto

El mismo problema inicial se nos plantea también de otra manera. A veces tenemos la sensación de que es un dragón de varias cabezas y, cuando cortamos una, se nos aparece otra. De este problema nos hicimos cargo al final de la «Introducción» a nuestro libro *El observador y su mundo*. Lo articulamos de la siguiente manera. El argumento metafísico, basado en la noción de la inmutabilidad del ser, tiene una gran ventaja frente al argumento antimetafísico, que reivindica el papel rector del devenir. Dicho de manera muy simple: si a un nivel esencial o trascendente nada cambia, no hay nada que explicar. Con la referencia a ese ser inmutable todo queda explicado y cerramos el círculo. El ser se nos presenta como su propia explicación y, en tal sentido, es perfectamente autosuficiente.

Sin embargo, si afirmamos el devenir y adoptamos una perspectiva que postula un proceso permanente de transformación, estamos obligados ahora a explicar el acontecer y los mecanismos de esta transformación. Con la propuesta metafísica nos colocamos en una tendencia que nos conduce, en último término, por muy paradójico que nos parezca, a la cancelación de los fenómenos. El ser es autorreferencial; se explica por sí mismo. Pero, cuando no disponemos del ser como recurso explicativo, ¿cómo damos cuenta de la transformación?

Para Nietzsche, el pensamiento metafísico efectúa una separación entre el acontecer, que expresa el reconocimiento de una determinada transformación, de la emergencia de un suceso, y un supuesto sujeto que acomete la acción transformadora. Así como en la gramática todo verbo remite a un sujeto, se supone que todo acontecer remite a un sujeto que es responsable y causa de tal acontecer. Esta operación de separación, según Nietzsche, es complemente arbitraria e injustificada, siendo tan sólo la expresión de una nueva trampa del lenguaje. El sujeto postulado, según Nietzsche, no es más que una ficción inducida por el lenguaje. Nuevamente hemos pisado el palito y, al hacerlo, erramos en el camino del pensamiento.

Son numerosas las referencias de Nietzsche a este punto y nos parece conveniente traer varias de ellas. En *La genealogía de la moral*, Nietzsche escribe:

> [...] ello se debe tan sólo a la seducción del lenguaje (y de los errores radicales de la razón petrificados en el lenguaje), el cual entiende y malentiende que todo hacer está condicionado por un agente, por un «sujeto».
>
> Es decir, del mismo modo que el pueblo separa el rayo de su resplandor y concibe el segundo como un hacer, como una acción de un sujeto que se llama rayo, así la moral del pueblo separa también la fortaleza de las exteriorizaciones de la misma, como si detrás del fuerte hubiera un sustrato indiferente, que fuera dueño de exteriorizar y, también, de no exteriorizar fortaleza. Pero tal sustrato no existe; no hay ningún «ser» detrás del hacer, del actuar, del devenir, «el agente» ha sido ficticiamente añadido al hacer, el hacer es todo [...] nuestra ciencia entera [...] se encuentra sometida aún a la seducción del lenguaje y no se ha desprendido de los hijos falsos que se han infiltrado, de los «sujetos».

En *La voluntad de poder*, Nietzsche insiste con mucha fuerza en esta misma idea:

> [...] nuestra costumbre gramatical de añadir un obrador a toda obra.

> El concepto de sustancia es una consecuencia del concepto de sujeto: ¡no a la inversa! Si soltamos el alma, el *sujeto*, la precondición para la sustancia desaparece. Uno adquiere grados de ser, uno pierde aquello que *posee* ser.

El sujeto es la ficción de que estados muy similares en nosotros son el efecto de un mismo sustrato: pero fuimos nosotros los que primero creamos la similaridad de estos estados; el que los hayamos ajustado y los hayamos hecho similares es el hecho, no su similaridad (que en vez debiéramos negar).

El concepto de realidad, de ser, es derivado de nuestro sentimiento del sujeto. El sujeto: interpretado dentro de nosotros, de manera que el ego cuente como sustancia. Como causa de todas las obras, como obrador. Los postulados lógico-metafísicos, la creencia en la sustancia, en el accidente, en el atributo, etc., derivan su fuerza de convicción de nuestro hábito de considerar todas nuestras obras como consecuencias de nuestra voluntad – de manera que el ego, como sustancia, no se desvanezca en la multiplicidad del cambio. Pero no existe tal cosa como la voluntad.

[...] de acuerdo con la conclusión: todo cambio debe tener un autor, pero esta conclusión es desde ya mitología: ella separa aquello que efectúa del efecto. Si digo el relámpago ilumina he postulado el mismo relámpago primero como actividad y una segunda vez como sujeto y por lo tanto he añadido un ser al evento que no se confunde con el evento sino que se presenta como fijo, como que es, y que no deviene. Presuponer un evento como efector y a éste como ser, éste es el doble error de interpretación del que somos culpables.

La historia psicológica del concepto de sujeto. El cuerpo, la cosa, el todo construido por el ojo, despierta la distinción entre una obra y un obrador, la causa de la obra, y concebida de manera todavía más sutil, luego dejada detrás del sujeto.

Nos separamos nosotros mismos, los obradores de sus obras, y usamos este patrón en todas partes – buscamos un obrador en cada evento.

El *sujeto* no es algo que crea efectos, sino sólo una ficción.

Este mismo argumento es utilizado por Nietzsche en *Más allá del bien y del mal*, cuando señala que

> [...] un pensamiento viene cuando *él* lo desea y no cuando *yo* lo deseo, de manera que es una falsificación de los hechos del caso sostener que el sujeto *Yo* es la condición del predicado *pensar*.

En *Humano, demasiado humano*, Nietzsche reitera:

> [...] inventamos entidades, unidades, que no existen.

A partir de esta posición, Nietzsche pone en cuestión nuestra tendencia a suponer causas en todo lo que sucede. Dice, en *La voluntad de poder*:

> No hay ni causas ni efectos. Lingüísticamente no sabemos cómo desprendernos de ellos. Pero ello no importa. Si pienso el músculo separado de su *efecto*, lo niego.

> En cuanto imaginamos a alguien siendo responsable por nuestro ser siendo de tal o cual manera (Dios, la naturaleza) y consecuentemente le atribuimos la intención de que existamos y seamos felices o desgraciados, nos corrompemos de la *inocencia del devenir*.

Nietzsche corta el nudo gordiano por lo sano y opta por cuestionar el *status* ontológico del sujeto. «El sujeto no es nada», nos dice, «la acción es todo». Sólo hay acción. La necesidad del sujeto surge de y remite necesariamente a la acción. Si no hubiera acción no hablaríamos del sujeto. El sujeto no es otra cosa que un recurso explicativo equivocado de la acción. Mal podemos entonces cancelar la posibilidad de la acción por referirla ahora al sujeto que la propia acción inicialmente nos condujo a postular. Con ello sólo nos pisamos la cola y terminamos por confundirnos a nosotros mismos. En vez de reconocer la prioridad de la acción por sobre el sujeto, la metafísica hace lo opuesto: convierte al sujeto en presupuesto y antecedente de la acción.

¿Implica acaso la postura de Nietzsche que debemos dejar de referirnos al sujeto? De ninguna manera. Tal como acontece con la referencia al ser, los seres humanos vivimos en el lenguaje y el sujeto se nos impone como parte de la propia estructura gramatical del lenguaje. ¿Pero podemos deducir que Nietzsche le niega toda realidad a la categoría de sujeto? Ésta es sin duda una interpretación posible. De sostenerla, sin embargo, ello nos conduciría a generar inconsistencias posteriores cuando abordemos otras nociones de Nietzsche, como lo son su concepción del *übermensch* y de la voluntad de poder.

De nuestra parte optamos por una interpretación que *califica* la crítica de Nietzsche al sujeto. Tal como lo hacemos con su crítica a la noción de ser, entendemos que Nietzsche dirige su crítica a la concepción metafísica del sujeto, a una concepción que lo concibe como «dado», como el antecedente obligado y necesario de toda acción, como una categoría contaminada con la noción metafísica del ser, considerada fija e inmutable. Desde la metafísica el sujeto es asociado con el ser de cada individuo y como el agente de la acción.

Si calificamos la crítica de Nietzsche al sujeto «metafísico» ello nos habilita a una importante recuperación de la noción del sujeto tanto como un referente de la acción, cuanto como un resultado de la misma y, por ello, como un efecto predicativo del verbo. La acción no es sólo algo que un sujeto «hace», la acción también «hace» al sujeto. La acción lo constituye en el sujeto que es. La acción es, desde esta perspectiva, el mecanismo de transformación y, en tal sentido, del devenir del sujeto. Con ello se habilita una concepción no metafísica del sujeto y abrimos la posibilidad de una reapropiación del término. Desde esta perspectiva, el sujeto deviene un desafío de construcción, de diseño, tal como antiguamente lo concibieran los estoicos.

Nietzsche mira a los estoicos con simpatía. Aunque los critica por su apego a la noción de «naturaleza», y por los residuos metafísicos que ella conlleva, valora la mirada que ellos ofrecen de la existencia humana y el papel que le confieren a la transformación personal. Ello, para Nietzsche, no es de extrañar en la medida en que, como nos dice en *Ecce Homo*,

> Los estoicos heredaron casi todas sus nociones principales de Heráclito.

La acción lo es todo

Para Nietzsche, avanzar hacia un cuestionamiento de la metafísica significa, por lo tanto, soltar la prioridad previamente conferida al sujeto y otorgársela a la acción. Desde la perspectiva de la metafísica, la noción de ser no sólo opera como referente de todo lo existente, sino que además, simultáneamente, tal referencia le sirve de explicación del comportamiento de las cosas. Las cosas se comportan de la manera en que lo hacen dado como son.

Sin embargo, cuando asumimos la perspectiva opuesta, aquella del devenir y la transformación, su explicación nos obliga a ir más lejos. Mientras el ser se explica a sí mismo, el devenir no lo hace y requiere de un referente adicional para explicarlo. Nietzsche pareciera comprender que dispone de dos caminos para hacerlo: por un lado, recurrir al sujeto para dar cuenta del devenir o, por el otro, simplemente evitar ese camino. Da la impresión de que Nietzsche percibe que, si opta por el camino del sujeto, inevitablemente termina abriéndole las puertas a la metafísica por un lado diferente. Postular el ser, como lo hace la metafísica implica introducir la noción de sujeto y, por lo tanto, de aferrarse a la noción de sujeto lo lleva nuevamente a la noción de ser. ¿Existe acaso otro camino? Según Nietzsche, es posible hacer de la acción el referente del devenir, pero de una acción, nos advierte, que no remitamos a un sujeto previamente constituido. Buena parte de su argumentación se dirige a convencernos de esta posibilidad argumental.

Desde la perspectiva asumida por Nietzsche, el devenir y, en consecuencia, toda transformación, no son sino el resultado la propia acción o de las interacciones que se producen entre los elementos que habitan el mundo. Ello hace de la acción, de una acción no referida a un sujeto, el principio activo del devenir. Si se trata de fundar una nueva filosofía de la vida, que efectivamente haga un contrapunto de aquella desarrollada por Sócrates y sus discípulos, como lo pretende Nietzsche, la capacidad transformadora de la acción requiere ser colocada en el centro.

¿Implica esto abandonar por completo las nociones de ser y de sujeto? Nietzsche no parece considerarlo así. El desarrollo de una gramática elaborada, como aquella que hoy necesitamos para promover el conocimiento, no puede prescindir de ambas categorías: de sujeto y de ser. Seguiremos por lo tanto hablado de seres y sujetos. El verbo ser seguirá siéndonos útil. Se trata, sin embargo, de delimitar los usos de estos dos términos y de no conferirles el estatuto ontológico que les atribuía la metafísica. De allí que observemos a Nietzsche cuestionando las nociones de ser y de sujeto y, a la vez, recurriendo a ellas para expresar su propio pensamiento. De eso se trata: de recurrir a ellos a la vez que evitamos su hechizo y procuramos no caer en sus trampas.

Esta acción transformadora, que Nietzsche coloca en el centro de su concepción, se dirige en los seres humanos en dos direcciones. Por un lado, apunta a la transformación del mundo que habitamos. La opción de vida que nos propone Nietzsche es una opción de transformación del mundo. Tal como ya lo hemos planteado, ello guarda relación con la acción de emprender. Pero no es posible transformar el mundo sin transformarse simultáneamente uno mismo. Si la acción de transformación del mundo, como lo hemos señalado, constituye un determinado sujeto, tal acción no puede sino transformar al sujeto que la realiza. Sin embargo, esta acción transformadora del sujeto es indirecta, la reconocemos como resultado complementario, aunque simultáneo, de la propia acción transformadora del mundo. Cuando lo que está en juego es la acción autotransformadora del sujeto, estamos en el dominio del aprender.

Por otro lado, la acción de transformación de uno mismo, del ser que uno ha sido, permite también ser reconocida por sí misma. Los seres humanos podemos actuar directamente sobre el ser que somos con el propósito de transformarlo, de convertirlo en un ser diferente, más allá del hecho de que toda acción, no importa hacia donde esté dirigida, nos transforme. La acción de aprendizaje involucra dos dimensiones, dimensiones que por lo demás son equivalentes. En otras palabras, es en rigor el mismo fenómeno, el que puede ser descrito de dos maneras diferentes, haciéndose énfasis distintos. Con todo, estos énfasis no son inocuos o inocentes, pues nos revelan aspectos que es conveniente no perder de vista.

El aprendizaje transforma el ser que hemos sido o, dicho de otra forma, toda transformación del ser que hemos sido es una experiencia de aprendizaje. Para aprender no es necesario estar involucrado en un proceso que explícitamente persiga el aprendizaje. Muchas veces basta transitar por experiencias significativas, de las que salimos distintos, con otra mirada y otros repertorios de acción, para que podamos reconocer que tales experiencias generaron aprendizaje en nosotros. Ahora somos distintos de cómo éramos. En esta primera dimensión, como puede apreciarse, la mirada está puesta en la noción del ser que somos.

Pero el ser que somos se constituye y en rigor no es nunca separable de las propias acciones que desplegamos o que eventualmente estamos en condiciones de desplegar. El punto central de lo que hemos señalado es que no nos es posible romper la ecuación ser-acción. No es posible referirse a ninguno de estos dos términos sin necesariamente involucrar al otro. La separación que en este sentido acomete la metafísica al conferirle prioridad al ser es arbitraria y fuerza una ecuación de dos términos, que no permite quebrarse.

Transformar el ser que somos implica, por lo tanto, modificar nuestra capacidad de acción. El aprendizaje, entonces, transforma el ser que somos y, con ello, transforma también nuestra capacidad de acción. Como lo hemos expresado en otras oportunidades, el aprendizaje es la acción que, como resultado, transforma nuestra propia capacidad de acción. Ello es lo que hace que a partir del aprendizaje devengamos seres diferentes. Volvemos, por lo tanto, a la ecuación ser-acción.

La vida como emprendimiento

Hasta ahora hemos puesto énfasis en la crítica de Nietzsche al programa metafísico y, por lo tanto, nos hemos acercado a él en negativo. Deseamos en este momento invertir la mirada y procurar reconstruir su propuesta en términos positivos. Ello no es fácil, pues, como lo hemos reconocido, Nietzsche de manera explícita se opone a ofrecer un pensamiento sistemático o, dicho en otros términos, un sistema coherente de pensamiento. Con todo, es indiscutible que su filosofía contiene y representa una determinada propuesta sobre la vida. La pregunta que ahora nos hacemos es: ¿cómo podemos dar cuenta de su particular interpretación sobre el fenómeno humano y sobre las condiciones de su existencia?

Sostenemos que nada caracteriza mejor la filosofía de Nietzsche que el hecho de concebir la vida como *emprendimiento.*[19] Aunque éste es un término que no está presente en su obra ni era frecuente en su época, pensamos que considerar de ese modo la propuesta de Nietzsche nos sirve, nos aclara y nos orienta. Nos permite asignarle a su filosofía un eje. De allí que no dudemos en utilizar esta caracterización. Nietzsche es, desde nuestra perspectiva, el gran filósofo del emprendimiento.

Como hemos visto, Nietzsche nos propone concebir la vida como un desafío para diseñar en ella el ser que aspiramos ser. Somos una promesa, nos dice, un camino a recorrer que arranca de nuestra animalidad pero que nos conduce a elevarnos hasta acercarnos incluso a los dioses. Los seres humanos

[19] El término «emprendimiento» fue acuñado por el economista francés Jean-Baptiste Say (1767-1832) a comienzos del siglo diecinueve, antes de que Nietzsche naciera. Sin embargo, no disponemos de antecedentes que nos hagan pensar que Nietzsche conociera el pensamiento de Say.

tenemos la capacidad de participar, aun conscientemente, en el proceso de nuestra propia creación. Aceptar ese reto representa comprometerse a hacer de nuestras vidas una obra de arte. Ser humano es disponer de esta posibilidad. No sólo crecemos y nos desarrollamos como el resto de los animales, sino que podemos también aspirar a la grandeza. Asumir ese desafío es lo único con lo que realmente contamos para derrotar el nihilismo de nuestra época. Pero ello implica tomar la vida en nuestras propias manos y avanzar hacia el cultivo del alma.

Adoptar esa postura ante la vida implica situarnos en ella privilegiando el futuro, mirando hacia adelante, proyectándonos en la distancia. Implica tomar nuestra alma, el ser particular que somos hoy, y lanzarlo con todas nuestras fuerzas, como el discóbolo arroja su disco, hacia un lugar al que todavía él no ha llegado. Los griegos nos proporcionan la figura de varios dioses para ilustrarnos el camino.

Tres importantes dioses griegos nos salen de inmediato al paso con el afán de guiarnos. El primero es Apolo, el dios que con sus flechas conquista territorios todavía distantes; el dios que tiene la capacidad de anticipar el futuro, de traerlo al presente. El segundo es Dionisos, el dios de la exuberancia y el compromiso irrestricto con la vida, dios de la embriaguez, del baile y del juego de la construcción y la destrucción. El dios del devenir y la transmutación.

Pero también se nos presenta aquel dios que, procurando ayudarnos, descendió del Olimpo y nos entregó el fuego, aquella preciada posesión de los dioses que nos permite protegernos del frío y nos sirve para producir nuestros alimentos, iluminarnos en la oscuridad, construir armas y herramientas, crear civilizaciones. Nos referimos a Prometeo, ese dios que participa en nuestra creación y que hace de puente entre nosotros y el resto de los dioses. Como su nombre lo indica, Prometeo es un dios que tiene puesta la mirada en el futuro, el dios que concibe el presente como anticipación de futuros posibles.

Hacia una mirada política del alma humana

En una postura diametralmente opuesta a la de Sócrates, que hacía de la razón el eje de su concepción del ser humano, promoviendo con ello una mirada unilateral del mismo, Nietzsche asume privilegia la afirmación del carácter múltiple, heterogéneo e incluso contradictorio y caótico de los seres humanos. Este reconocimiento marca su punto de partida. La multiplicidad es el trasfondo de todo ser humano y cualquier intento que tienda a desconocerlo sólo distorsiona nuestra mirada y concibe un ser humano que no es como somos.

Sin embargo, Nietzsche reconoce que para encarar la existencia el alma necesita ordenarse y enfrentar su caos interior. No es posible vivir desde el caos. Estamos compelidos a perfilar una determinada identidad y alcanzar ciertos niveles mínimos de coherencia. En otras palabras, tenemos que devenir un determinado personaje que tenga la posibilidad de narrarse a sí mismo y ser narrado por los demás. Que sea, de alguna manera, previsible. Un personaje que le dé soporte y haga de sustento al ser que elegimos ser.

Ese imperativo de orden que nos impone la existencia habilita en cierto sentido la mirada que nos propone la metafísica, la que nos habla, precisamente, de la importancia de conocer el ser que somos. Lo que la metafísica no reconoce, en primer lugar, es el carácter arbitrario de ese ser. Se trata de un ser que pudo perfectamente haber sido del todo diferente al ser que devinimos. Somos el resultado de aquella inocencia del devenir que en múltiples sentidos nos conduce a lo que devenimos, sin una clara dirección preestablecida. En segundo lugar, la metafísica tampoco reconoce el carácter profundamente dinámico del ser que hemos llegado a ser y del ser que devendremos en el futuro. El ser del que Nietzsche nos habla, tal como lo hemos planteado reiteradamente, es un ser en permanente transformación.

¿Cómo conciliar el carácter caótico del alma humana con ese imperativo de orden del que no podemos sustraernos? Para responder a esa pregunta, Nietzsche acude a un símil obtenido de la esfera del pensamiento político. Es muy posible que al hacerlo se haya apropiado de la distinción planteada por Hegel, en su *Filosofía del derecho*, entre Estado y sociedad civil. El Estado es para Hegel la respuesta al imperativo de orden social que deben asumir las comunidades humanas. Éstas últimas son fundamentalmente múltiples, heterogéneas, plagadas de conflictos y contradicciones. Abandonadas a sí mismas, la dinámica resultante no es sino caótica. Para evitar su desintegración y para generar orden, se requiere del Estado. El Estado es la condición de orden de las comunidades sociales.

Para establecer tal orden, el Estado no puede sino separar, subordinar, excluir e incluso reprimir. No es posible concebir el orden social sin simultáneamente activar, de una u otra forma, un principio de subordinación o de exclusión. La subordinación y la exclusión son el costo del orden. Todo orden, pareciera sugerir Nietzsche, es un fenómeno sacrificial. Instituir el orden implica sacrificar parte de lo que somos.

Nietzsche pareciera aceptar la argumentación de Hegel y apropiarse de la solución argumental ofrecida por éste en el campo de la política, para aplicarla esta vez en el interior del alma humana. La relación entre Estado y sociedad civil desarrollada por Hegel adquiere en Nietzsche una correspondencia con dos términos: los conceptos de persona y sombra.[20]

---

[20] Esta noción nietzscheana que percibe en el alma estos dos espacios diferentes y en oposición será utilizada posteriormente por Freud para proponer la noción de inconsciente y, más adelante, por Jung para establecer, utilizando la propia terminología nietzscheana, la polaridad entre persona y sombra.

La persona en Nietzsche se corresponde con la noción hegeliana de Estado, así como su concepto de sombra se corresponde con la noción hegeliana de sociedad civil. La persona que somos y la personalidad que desarrollamos no son sino el criterio de orden y la correspondiente estructura de coherencia que terminamos por asumir. Esta noción de persona apunta al principio de individuación (*principium individuationis*) por el que pasa todo ser humano para constituirse en un individuo particular. En el proceso que constituye a un determinado individuo en persona, haciéndolo el individuo particular que llega a ser, simultáneamente se constituye su sombra. El principio de individuación es a la vez un principio de separación entre la persona y su sombra.

Ello implica que, por debajo de la persona que llegamos a ser, todos preservamos aspectos sombríos, aspectos que buscan distintas vías de expresión en nosotros, que se contradicen entre sí y que presionan constantemente sobre la persona que somos. En esa lucha constante que todos llevamos dentro, Nietzsche pareciera situar una dimensión importante de nuestra dinámica de transformación personal.

Tal como sucede en las comunidades sociales, cada ser humano es un territorio en permanente de lucha por el control y la hegemonía que se expresa en la persona que somos. Desconocer nuestra sombra, como lo pretendía Sócrates, es, según Nietzsche, una estrategia altamente peligrosa y, en último término, condenada al fracaso. La sombra existe y en muchas ocasiones ella se manifiesta, como recordándonos que, aunque intentemos darle la espalda, ella se mueve, se agita. Nuestra sombra, como sucede con los pueblos oprimidos, pide ser escuchada y exige distintas formas de participación en el gobierno del alma.

Nietzsche, a diferencia de Sócrates, nos llama a reconocer nuestra sombra, a contactarnos con los impulsos, con los instintos, con los deseos que en ella se expresan. No se trata de disolver la necesaria separación entre persona y sombra.

Ello implicaría sumergirse en el caos y terminar por caer en la locura y en la desintegración total de la persona. La noción nietzscheana de la sombra nos conecta nuevamente con la figura mitológica del dios Dionisos, la que hemos desarrollado con mayor profundidad en otra parte.[21] Hemos sostenido que este dios representa precisamente el arquetipo de nuestras dimensiones sombrías, de aquella sombra que todos llevamos dentro. Recordemos el momento en que el propio Nietzsche, cuando se trastorna, se desnuda y se pone a bailar frenéticamente, a la vez que invoca la figura de Dionisos. En la tensión necesaria que todos debemos mantener entre Dionisos y Apolo, éste último lo ha abandonado.

Para Nietzsche la mejor ecuación para vivir una vida de plenitud y grandeza es aquella que preserva una suerte de alianza inestable, una determinada tensión, entre los elementos dionisíacos y los apolíneos, tal como se expresara en el gran espíritu griego anterior a la decadencia. Sócrates sacrifica lo dionisíaco y su filosofía sirve a la decadencia. Nietzsche busca restituir esta tensión originaria y reivindicar lo dionisíaco. Sin embargo, termina siendo devorado por él.

La concepción que hemos expuesto sobre el alma humana no está desarrollada de manera explícita y sistemática por Nietzsche. La encontramos muchas veces insinuada; en otras oportunidades podemos reconstruirla a partir la crítica que dirige hacia pensamientos que rechaza. Para comprender a Nietzsche, según lo hemos advertido desde un comienzo, a menudo estamos obligados a buscar detrás de sus palabras, en los supuestos que consideramos necesarios para que diga lo que expresa, pero también en algunos textos que, aunque insuficientes, nos permiten confiar en la validez de nuestras interpretaciones.

---

[21] Ver *Raíces de sentido*, pp. 121-161.

Entre ellos, nos parece importante recoger las siguientes referencias que aparecen en *La voluntad de poder*:

> El supuesto de un sujeto único es quizás innecesario, ¿no es quizás igualmente permisible suponer una multiplicidad de sujetos cuyas interacciones y luchas son la base de nuestro pensamiento y nuestra conciencia en general? *Mi hipótesis*: El sujeto como multiplicidad.

> Ganamos la idea correcta de la naturaleza de nuestro sujeto-unidad, es decir como regentes a la cabeza de una comunidad [...], también como dependencia de estos regentes sobre los gobernados y de un orden de rango y división del trabajo como condiciones que hacen posible la totalidad y sus partes. Así como unidades vivas continuamente ascienden y mueren y el *sujeto* no es eterno, así también la lucha se expresa ella misma en obedecer y mandar y que un juicio cambiante de los límites del poder es parte de la vida.

En *La genealogía de la moral*, refiriéndose al papel del olvido, Nietzsche escribe:

> [...] nuestro organismo está estructurado de manera oligárquica [...] éste es el beneficio de la activa [...] capacidad de olvido, una guardiana de la puerta, por así decirlo, una mantenedora del orden anímico, de la tranquilidad, de la etiqueta: con lo cual resulta visible en seguida que sin capacidad de olvido no puede haber ninguna felicidad, ninguna jovialidad, ninguna esperanza, ningún orgullo, *ningún presente*.

En *Ecce Homo*, Nietzsche nos advierte que si deseamos aspirar a la grandeza tendremos que reestablecer relaciones con nuestra sombra y aprender a honrarla:

> Si queremos ser alguna vez un personaje hemos de honrar también nuestra propia sombra.

Tenemos, por lo tanto, que aprender a salir de estrecho espacio que nos habilita la persona. Ese espacio podrá muchas veces sernos cómodo, en él podremos sentirnos cobijados o protegidos, pero estamos cautivos en su interior. En *Más allá del bien y del mal*, Nietzsche nos previene:

> [...] toda persona es una cárcel y también un rincón.

El espíritu apolíneo

Nietzsche invoca el espíritu dionisíaco, sacrificado tanto por el socratismo como por el cristianismo. Pero ello no implica negar la importancia del espíritu apolíneo. Lo que busca es restaurar la necesaria tensión que la presencia de ambos genera. Se trata de dos dioses hermanos y, aunque Dionisos es fundamentalmente un dios errante, comparte domicilio con su hermano Apolo en el santuario de Delfos. Se trata de dos dioses que comparten su gusto por la música y que nos reiteran la importancia de ésta en la vida, aunque sus preferencias musicales sean diferentes.

Dionisos nos conecta con el disfrute del presente y con el desenfreno. Apolo, por el contrario, es el dios del equilibrio y de la armonía. Apolo es el dios que anticipa y adivina el futuro; el dios del arco y de la flecha, con su mirada puesta en un punto situado más allá y al que sus flechas procuran alcanzar. Dionisos es el dios de la sombra, de la noche, de la oscuridad; Apolo el dios del orden y la luz. Ambos representan las dos dimensiones fundamentales del alma humana. Y aunque Nietzsche busca restaurar el espíritu dionisíaco, rechazado tanto por la metafísica como por el cristianismo, no por ello deja de valorar su contrario, el espíritu apolíneo.

El ser humano, para Nietzsche, es un camino. Su ser no es algo dado, ya constituido, ni una meta predeterminada. El camino que debemos recorrer no está preestablecido. Como señala en *Así habló Zaratustra*: «La grandeza del hombre está en ser un puente y no una meta, lo que en el hombre se puede amar es que es un tránsito y un ocaso». La meta de cada ser humano es establecida por cada uno y su consecución dependerá de las acciones de las que cada uno se haga responsable. «El ser humano», dice Nietzsche, «es una promesa»: es un ser proyectado en el devenir del tiempo, como las flechas de Apolo.

En *La genealogía de la moral*, Nietzsche nos reitera esta idea que enfatiza una concepción del ser humano asociada a la noción de promesa y con la perspectiva de futuro que toda promesa conlleva. Para el hombre, el ser se realiza en el tiempo. Dejemos hablar a Nietzsche:

> [...] criar un animal al que le sea *lícito hacer promesas* – ¿no es precisamente esta misma paradójica tarea la que la naturaleza se ha propuesto con respecto al hombre? ¿No es éste el auténtico problema del hombre?
>
> El orgulloso conocimiento del privilegio extraordinario de la *responsabilidad*, la conciencia de esta extraña libertad, de este poder sobre sí y sobre el destino, se ha grabado en él hasta su más honda profundidad y se ha convertido en instinto, en instinto dominante.
>
> Que al hombre le sea lícito responder de sí mismo, y hacerlo con orgullo, o sea, que al hombre le *sea lícito decir sí*, un futuro *maduro*, pero también un futuro tardío.

El ser que somos será el resultado de lo que seamos capaces de hacer de nosotros mismos. De allí que la consigna lanzada por Nietzsche en su última obra, *Ecce Homo*, cuando nos conmina «Deviene quien tú eres», requiere ser interpretada de una manera radicalmente diferente de como podríamos hacerlo desde la metafísica. Desde esta última, aquella consigna resulta extraña, paradójica, contradictoria. ¿Cómo uno podría devenir lo que ya es? Si es, no requiere devenir y si, por el contrario, se requiere devenir, es para ser lo que no somos. Pero esa dificultad para comprender la consigna de Nietzsche proviene de la forma en que la propia metafísica concibe el ser y, de manera particular, por considerarlo fijo e inmutable. No es así para Nietzsche, quien, sin soltar la referencia al ser, lo coloca en el eje del devenir y la transformación.

En *Humano, demasiado humano*, Nietzsche reitera esa perspectiva:

> Nuestro destino nos dirige, incluso cuando todavía no sabemos lo que encierra; es el futuro el que regula el presente.
>
> [...] los hombres pueden (ahora) decidir *conscientemente* desarrollarse ellos mismos mirando para adelante hacia una nueva cultura, mientras que en el pasado se desarrollaban inconscientemente y por efecto del azar.

Sólo a partir del reconocimiento de que el ser humano es una promesa, una flecha dirigida hacia el futuro, logramos reconocer que «Deviene quien tú eres» en rigor significa «Deviene la promesa que tú eres». Y, sin darle las espaldas a Dionisos, esta flecha está dirigida por Apolo, por un sentido de orden, de armonía, de búsqueda de luminosidad, de consecución de ideales, de un afán de trascendencia, de un compromiso por ir «más allá» (*meta*) de quienes somos hoy.

En *Más allá del bien y del mal*, Nietzsche nos señala:

> ¿Qué? ¿Un gran hombre? Sólo veo al actor de su propio ideal.

La anterior es una cita que nos deslumbra. Para devenir un gran ser humano basta con representar el personaje de un cuento ideal e imaginario que nos contamos de nosotros mismos en el futuro. El camino de la grandeza reside en la actuación, en la acción que seamos capaces de representar. El idealismo, tan fuertemente criticado por Nietzsche, reaparece desde una perspectiva muy distinta. Seremos la representación del personaje que inventemos sobre nosotros. Lo que realmente importa no es lo que seamos en el presente, lo que hayamos llegado a ser luego recorrer un determinado pasado, sino aquello que procuremos ser en el futuro.

El sentido de trascendencia al que aluden tanto el socratismo como el cristianismo debemos recuperarlo para nosotros mismos y traerlo de vuelta a este mundo, al mundo concreto y terrenal de nuestra existencia. Es este sentido de trascendencia, instalado ahora en el interior de nuestra existencia, el que puede finalmente hacernos cruzar las aguas del sinsentido y las mareas del nihilismo. Pero se trata de un sentido de trascendencia que comparte con el nihilismo el reconocimiento básico de que esta vida, por sí misma, no tiene sentido. O, dicho de otra forma, que esta vida sólo tendrá el sentido que nosotros seamos capaces de conferirle al proyectarnos hacia un futuro mejor y al comprometernos con la transformación del mundo y de nosotros mismos.

En afinidad con esa idea y en una frase que nos vuelve a traer una fuerte reminiscencia de Protágoras, Nietzsche señala, en *Humano, demasiado humano*:

> [...] el mundo no es bueno o malo, ni menos el mejor o el peor, y estos conceptos de lo *bueno* y lo *malo* sólo hacen sentido en referencia a los hombres.

La metafísica nos propone profundizar en nosotros mismos para conocer ese ser inmutable del que somos portadores. Para Nietzsche, por el contrario, tenemos la oportunidad de ser el resultado de nuestra capacidad de diseño. El ser que somos es un desafío y, en tal sentido, una invitación, una anticipación del ser que nos proponemos ser. Para Nietzsche, impregnado por Heráclito, el ser es una resultante del devenir.

Ello implica pararnos en la vida de una manera radicalmente diferente a como hemos estado acostumbrados. La pregunta más importante con la que nos confronta la vida no es «¿Quién soy?». Esa pregunta prescinde de la turbulencia del tiempo en la que estamos arrojados. La pregunta más importante que podemos hacer es «¿Quién quiero ser?». Ser y tiempo son dos elementos inseparables de la experiencia de la existencia humana. No podemos concebir nuestra existencia fuera del tiempo. La existencia no es sino el despliegue del ser en el tiempo. Como nos indica Nietzsche, «la existencia es una conjugación (un tiempo) imperfecta que nunca deviene presente» o, en otras palabras, que se nos ofrece en un devenir permanente, que ningún presente logra plenamente estabilizar. A diferencia de los que postulaba Parménides, no nos es posible concebir el ser fuera del tiempo y, por lo tanto, separado de su existencia. Todo ser humano es un devenir dentro del devenir o «todo hombre es una causa creativa de lo que acontece, un «primium mobile» dentro de un movimiento original». Cuando al ser le extraemos el tiempo, entramos en el terreno de los cementerios.

Pero la adecuada representación del tiempo no sólo es la del dios Cronos, que devora progresivamente nuestra vida, como sucedía con el padre de Zeus, que devoraba a sus hijos. El tiempo es, además, la condición de posibilidad de nuestras transformaciones de manera de poder llegar a ser quien deseamos ser. El tiempo es también nuestro gran aliado, es nuestra posibilidad de grandeza. Es lo que nos permite elevarnos. Quien se lamenta del correr del tiempo suele lamentarse a menudo por no haber sabido aprovecharlo para ganar altura. La vida es una invitación a volar y a crecer.

Para Nietzsche, la vida, en consecuencia, es la posibilidad que posee todo ser humano para expandir el ser que estamos siendo y para transformarnos en la dirección que escojamos. Ello nos proporciona la real fuente de sentido de la vida que hoy, tan a menudo, nos cuesta encontrar. Durante mucho tiempo la metafísica nos ha señalado que el sentido de vida se encuentra fuera de nosotros mismos y que el sentido de este mundo se halla fuera de este mundo. Sin embargo, al concebirlo así, nos hacemos extraños, ajenos a nosotros mismos y, en el decir de Feuerbach, no enajenamos; colocamos fuera de nosotros el timón de nuestras vidas y terminamos por esperar que el sentido de vida nos sea conferido, nos llegue del exterior. Cuando ello deja de suceder nos encontramos desamparados y vacíos. Nos encontramos entonces en el mar del nihilismo y tenemos la sensación de que nos precipitamos hacia el abismo del sinsentido.

Nuestra época nos convoca a grandes aprendizajes. Va a ser necesario aprender a vivir de formas que no conocíamos y a las que no estamos acostumbrados. Hasta ahora la felicidad y la satisfacción personal se asociaban fuertemente con la solidez y la estabilidad. El movimiento y el paso del tiempo nos generan incertidumbre y temor. Pero el presente y los tiempos por venir no nos anuncian estabilidad y solidez, sino aceleración vertiginosa de las transformaciones. A medida que transcurre el tiempo, el propio tiempo pareciera acelerarse. Se trata de una nueva realidad a la que estamos obligados a acostumbrarnos.

Tendremos que aprender, como señala Heráclito, a encontrar el descanso y la paz en el interior del movimiento. No estamos acostumbrados a eso. Por dos mil quinientos años hemos procurado evitar ese aprendizaje. El programa metafísico fue la respuesta que generamos al temor que nos produce el devenir. Pero el propio devenir ha terminado por devorar el programa metafísico y hoy estamos obligados a salir a la intemperie y enfrentar los desafíos de la transformación y de la aceleración del tiempo.

Goethe y el camino de Fausto

Una pregunta que se han hecho los estudiosos de Nietzsche es: ¿a quién tiene éste como expresión de su ideal de existencia? ¿En quién o quiénes está pensando Nietzsche como ejemplos en vida de la encarnación de su concepción? Heráclito es, sin dudas, un ejemplo que tiene en mente. Pero de él sabemos muy poco. ¿Hay otras personas, no tan lejanas en el tiempo, que representen para Nietzsche una modalidad de existencia que se corresponda con los principios que él mismo favorece? Hay dos grandes personajes que suelen reiterarse como figuras por las que Nietzsche profesa una gran admiración. Ellos son Goethe y Leonardo.

Es interesante destacar que se trata de dos artistas. Goethe en la literatura, género que, junto con la música, Nietzsche vincula con el espíritu dionisíaco. La literatura y la música son artes que se realizan en el fluir, en el movimiento, en el tiempo. Tienen la virtud de desplegarse y desvanecerse. Se trata, por lo demás, de dos artes, la literatura y la música, en los que el propio Nietzsche incursiona. Leonardo, por otro lado, proviene de las artes plásticas, en las que predomina en cambio el espíritu apolíneo y que se cristalizan en la inmovilidad de una figura. Se dice que el padre de Sócrates habría sido escultor. Sin embargo, a pesar de remitir a espíritus diferentes, para Nietzsche todo arte, más allá de su modalidad, requiere de una determinada tensión entre el espíritu apolíneo y el dionisíaco si quiere aspirar a la grandeza. Tanto Goethe como Leonardo son expresión de esta tensión.

Es interesante detenerse en Goethe para explorar los fundamentos de esta admiración, pues se trata de la figura por excelencia en la que Nietzsche busca inspirarse. Goethe nos proporciona la gran ventaja de dejarnos, por lo demás, la expresión de esta tensión entre lo dionisíaco y lo apolíneo planteada de manera explícita en una de sus obras principales. Me refiero a *Fausto*, quizás la más destacada de todas sus obras literarias. ¿Qué se nos presenta en ella? Se nos cuenta la historia de un hombre ya maduro, que ha consolidado un prestigio y una poderosa identidad en el interior de su comunidad y que convoca al Diablo para establecer con él un pacto. El Diablo le permitirá experimentar aspectos de la vida que hasta entonces le habían sido desconocidos, aquellos que le son más sombríos, y Fausto se compromete a entregarle su alma a cambio, al momento de la muerte, para que se la lleve consigo a los infiernos.

Se trata de una obra de una clara sensibilidad gnóstica, sensibilidad que Nietzsche también comparte y que hemos visto expresada en la manera en que éste interpreta el mensaje de Jesús. Se ha insistido en que la figura del Fausto de Goethe está inspirada en la persona de Simón el Mago, el gran sabio gnóstico del siglo primero de nuestra era, discípulo de Juan Bautista, luego del apóstol Felipe y de gran influencia en Samaria.[22] Simón había sido también un duro adversario de Pedro, fundador de la Iglesia en Roma. La sensibilidad gnóstica

[22] Sobre Simón el Mago, ver Rafael Echeverría, *Raíces de sentido*, pp. 481-484. En dicho libro señalo: «De hecho, un personaje de nombre Fausto (o Fastinianus) aparece en otro de los relatos que nos llegan sobre Simón. Se trata de un incidente que habría tenido lugar en Antioquia. Se nos relata que Simón en sus prédicas acusaba a Pedro de ser un impostor, con lo que levantaba a la gente en su contra. Los amigos de Pedro consiguen, sin embargo, que las autoridades locales persigan a Simón y éste se ve obligado a arrancar a Laodicea. Allí se habría encontrado con Fausto, padre de Clemente, que lo enfrenta. Simón responde cambiando la cara de Fausto de manera que ésta luzca exactamente como la suya y pueda ser confundido por él. Pero Pedro, más astuto, habría tomado ventaja de esta situación mandando a Fausto a Antoquia para que, haciéndose pasar por Simón, declare que es un impostor y dé testimonio del carácter divino de la labor de Pedro. Esto le habría permitido a Pedro retornar triunfante a Antioquia».

recorre gran parte de la obra de Goethe, como lo había hecho también en Leonardo.

Nos parece relevante destacar dos elementos importantes de la doctrina gnóstica. El primero de ellos es la afirmación de que los principios del bien y del mal no son externos a los seres humanos, como lo había postulado el profeta persa Zaratustra y como lo planteó después la interpretación que luego devendría oficial en el interior del cristianismo. Este último encarnó aquellos dos principios en las figuras de Dios y del Diablo, las que se presentan fuera de los seres humanos y compitiendo por su alma. Para los gnósticos, todos llevamos en el interior de nuestra alma las semillas del bien y del mal. A Dios y al Diablo no sólo los encontramos fuera, sino sobre todo adentro de nosotros mismos. En cuanto elementos interiores, el bien y el mal, Dios y el Diablo, están asociados respectivamente con el espíritu apolíneo y el espíritu dionisíaco, como también con la distinción entre persona y sombra. Existe una correspondencia notable entre cada uno de esos pares de conceptos.

Es interesante examinar cómo y de dónde el cristianismo construye la figura del Diablo. Al respecto, nos apoyamos en la interpretación que nos ofrece el psicólogo jungiano James Hillman.[23] En otros lugares[24] hemos insistido en la fuerte influencia que ejerce la propuesta de Nietzsche en la escuela de psicología profunda desarrollada por Gustav Jung y sus seguidores. Según Hillman, la figura del Diablo cristiano surge de un importante personaje mitológico extraído del mundo de Dionisos. Éste era un mundo de ninfas y sátiros en el que destacaban de manera especial dos personajes mitológicos muy especiales: el viejo sabio Silenio, aficionado al vino, y Pan, un dios pícaro, siempre joven, muchas veces representado con su

---

[23] James Hillman, *Pan and the Nightmare*, Spring Publications, Woodstock, 2000.

[24] Ver, por ejemplo, *Raíces de sentido*, p. 185.

miembro viril erecto, gran seductor, intensamente erótico y a menudo un terror para las ninfas y los humanos.

El término «pánico» proviene del nombre de esa extraña e inquietante divinidad. Los griegos identificaban a Pan con las fuerzas de la naturaleza y con el inmenso poder generativo y reproductor que ellas poseen. «Pan», en griego, significa «todo». La palabra «panteísmo» apunta a aquellas creencias que postulan que Dios está los fenómenos de la naturaleza. A Pan se le dibujaba con pequeños cuernos, con pies de carnero y con una cola puntiaguda. Cuando el cristianismo construye la figura del Diablo, para representarlo usurpa la figura de este dios pagano, perteneciente al séquito de Dionisos y componente esencial del espíritu de éste último. El Diablo cristiano se levanta entonces como expresión del espíritu dionisíaco, ese mundo sombrío y abismal de nuestros impulsos y deseos naturales.

Hay un segundo elemento crucial de la sensibilidad gnóstica. Éste guarda relación con su concepto de fe. Mientras el cristianismo, siguiendo a Pablo, enfatiza un concepto de conversión basado en asumir un conjunto de creencias, creencias recogidas, por lo demás, en la oración cristiana del credo, los gnósticos le dan más importancia al compromiso con un proceso de transformación personal que se realiza en un viaje interior, en el cual nos encontramos con las fuerzas del bien y del mal, con las figuras de Dios y del Diablo, que todos llevamos dentro.

El vínculo de Goethe con las doctrinas gnósticas no merece ser cuestionada. El mismo hecho que se inspire en Simón el Mago para construir su figura de Fausto, así lo atestigua. Pero este vínculo nos permite especular que los diálogos de Fausto con el Diablo no son necesariamente un diálogo con una figura que es exterior a Fausto, sino que se trata de un importante diálogo interior con los elementos del mal que todos llevamos dentro. Se trataría, en rigor, de un diálogo del sabio Fausto con lo que Nietzsche llama su sombra.

El tema de *Fausto* había sido abordado, antes de Goethe, por Christopher Marlowe.[25] Sin embargo, el desenlace que Goethe le confiere a su historia es muy diferente del que ofrece Marlowe. Según éste, al morir Fausto, el Diablo se lleva su alma al infierno, tal como estaba pactado. En la versión de Goethe, en cambio, luego de penetrar el mundo de su sombra, Fausto es absuelto de la obligación de cumplir con su promesa. Ese infierno que pensó que existía ha dejado de ser para él. Su viaje a los lugares más tenebrosos de su alma termina por liberarlo del castigo que pensó merecer.

Todo gran artista, parece decir Nietzsche, requiere seguir el camino de Fausto. Requiere establecer esa tensión creativa entre sus dimensiones apolíneas y dionisíacas. Requiere, en suma, visitar el territorio de su sombra. Éste es un viaje que realizaron no sólo Goethe y Leonardo. También fue el viaje de los demás literatos que Nietzsche admiraba. Fue el recorrido que, como pocos, hizo Dostoievski. Fue el viaje que hicieron en la antigüedad Esquilo y Sófocles. Fue también el viaje de Heráclito, quien nos dijo haber escudriñado en su propia naturaleza. Pero este viaje es, por sobre todo, el propio viaje de Nietzsche.

Las cumbres más altas de la creatividad artística, según Nietzsche, surgen de este contacto, de esta relación, de esta tensión, entre lo apolíneo y lo dionisíaco, como asimismo entre la persona y su sombra. Es desde ese choque, desde esa confrontación, que emergen las mayores fuerzas creativas del ser humano. La gran filosofía, para Nietzsche, es aquella que activa esta dimensión profundamente estética de la obra a

[25] Gran dramaturgo inglés (1564-1593) que perteneció al llamado «Escuela de la Noche» o «club de librepensadores». Se le asocia a un extraña muerte, cuya versión ha sido muy disputada. Es considerado un antecedente importante de Shakespeare. Algunos sostienen que Shakespeare mismo no sería sino un *nom de plume* utilizado por el propio Marlowe.

realizar. Hay, para nuestro filósofo, dos modalidades distintas de filosofar. La primera sigue el molde académico y se guía por la senda de razonamiento lógico. Su alcance será por lo general muy limitado. La segunda, en tanto, se alimenta de la inmensa intuición que posibilita esta tensión entre lo apolíneo y lo dionisíaco. Para ella, la lógica de sus conclusiones no es su dimensión más importante. Lo que vale son los grandes atisbos intuitivos que luego buscamos expresar lógicamente. Éste fue para Nietzsche el camino del filosofar de Heráclito.

El miedo como factor desencadenante de la metafísica

La perspectiva del devenir y la transformación plantea algunos problemas de los que es importante hacerse cargo. Si algo deviene, ¿qué es ese algo? Y, si ese algo es, ¿cómo puede entonces devenir? Ése es el problema que, desde un punto de vista estrictamente lógico, nos condujo a la metafísica. No estamos diciendo que el programa metafísico haya resultado exclusivamente de una imposición lógica. Nietzsche lo sabe y, cuando percibe que Sócrates siguió el camino de la metafísica, se pregunta si tal camino surgió del miedo y como una excusa frente al pesimismo.

Esa reflexión nos parece muy interesante, pues, a partir de ella, uno vuelve a Sócrates con esa pregunta en la mano y busca ver si es posible responderla a partir de lo que el propio Sócrates decía. Esa pregunta permite que emerja ante nosotros un Sócrates muy diferente de aquel al que estábamos previamente acostumbrados. Por primera vez escuchamos, en el trasfondo de sus argumentos, la angustia y el miedo que sentía Sócrates frente a la posibilidad de la mortalidad de su alma. No se trataba de un miedo a la muerte, frente a lo cual Sócrates demostró gran valor, sino de un miedo a lo que la muerte pudiera significar, a lo que pasaría después.

Creemos (al respecto sólo podemos conjeturar) que sólo su convicción metafísica de un mundo de seres eternos, mundo al que pertenece el alma, le permitió a Sócrates enfrentar con tranquilidad la sentencia de tomar veneno de cicuta que le impuso la Asamblea de Atenas. La metafísica hizo de tranquilizante y anestesia. Ahora percibimos en la propia alma de Sócrates algunas de sus dimensiones sombrías y poco apolíneas. Penetramos en su miedo a la oscuridad.

El programa metafísico, como ya hemos visto, no fue sólo la conclusión necesaria que imponen determinados requerimientos lógicos y racionales, sino también la expresión de una racionalidad puesta al servicio de la emoción del miedo. Pero al invocar el carácter estrictamente racional de su filosofía, Sócrates encubría esta situación y escondía su miedo. Más que una conclusión estrictamente racional, el programa metafísico surgió, por lo tanto, como resultado de una racionalización del miedo. Nietzsche logra uno de sus más altos aciertos al plantear la sospecha. El miedo, para él, está permanentemente detrás tanto del programa metafísico, como de la moralidad cristiana. De allí que nos reitere que su filosofía no podrá ser entendida y aceptada por timoratos.

Uno de los grandes aportes de Nietzsche apunta al reconocimiento de la importancia del miedo en la manera como los seres humanos encaran su existencia.[26] El miedo es una emocionalidad compleja. Uno de sus rasgos es que tiende a ocultarse, a vestirse con ropajes de otras emocionalidades, lo que hace difícil descubrirlo. Detrás de la arrogancia, de la rabia, de los celos, de la timidez, en fin, detrás de muchas otras emociones, normalmente se esconde el miedo. Y ese miedo, de cara descubierta o escondida, suele jugar un papel fundamental en la manera en que conducimos nuestras vidas y en los caminos que en ella tomamos. En *Ecce Homo*, Nietzsche nos advierte:

> [...] no debimos haber aprendido nunca a tener miedo.

Con todo, no podemos prescindir del miedo para asegurar nuestra sobrevivencia. A pesar de sus problemas, el miedo nos advierte de los peligros que enfrentamos y gracias a él logramos protegernos.

---

[26] La importancia del miedo en la existencia humana ha sido un tema fundamental en mi propuesta y le asigno gran relevancia tanto en mis programas de formación como en la práctica del «coaching ontológico».

Más allá del bien y del mal

En la noción de aprendizaje a la que Nietzsche nos convoca hay sin embargo un elemento adicional. No basta con constatar la transformación del ser o de su capacidad de acción, sino que esta transformación requiere un sentido. El aprendizaje presupone que tal transformación expanda y no restrinja el ser que somos y la capacidad de acción de que disponíamos. Implica, por lo tanto, ganar y no perder capacidad de acción. Implica situar la transformación en un eje valórico, eje que por ser precisamente valórico será siempre precario, relativo y, en último término, cuestionable. Pero el aprendizaje conlleva la presunción de que el ser transformado en razón del aprendizaje ha crecido, se ha elevado, se ha superado a sí mismo.

Sin embargo, nada impedirá que lo que en un momento fue concebido como aprendizaje, y por lo tanto como crecimiento y progreso, luego se descubra que fue en rigor un retroceso. Los seres humanos no contamos con una escala de valores absolutos que nos ofrezca la garantía de que nunca será cuestionada. Eso, nuevamente, está fuera de nuestro alcance.

Pero lo que sí sabemos es que podemos operar siempre en el presente con una determinada escala de valores que, aunque posteriormente sea cuestionable, nos oriente. Esta relación del aprendizaje con un desarrollo de superación y crecimiento lo hace inevitablemente relativo. Pero, si nos situamos fuera de los límites de la metafísica, tenemos que aprender a convivir con lo relativo y a generar el sentido que requerimos para vivir y que es condición de nuestra existencia. Ello nos impone estar apegados a marcos éticos cuyo cuestionamiento puede ocurrir en cualquier momento.

La ética deja aceleradamente de estar provista por los dioses y comenzamos a percibir que hoy debemos hacernos responsables de ella. Éste es un mundo diferente de aquel al que estábamos habituados. Pero por desgracia aquel que hemos perdido, para cada vez más seres humanos, es un mundo que se les ha cerrado. Ya no pueden volver a él. Ése es un hecho, una constatación, una facticidad, independientemente de que lo maldigamos o lo celebremos. Hemos entrado en un mundo que está más allá del bien y del mal de nuestros antepasados.

En muchos pasajes, Nietzsche aparece criticando la moralidad y lo hace sin distinciones. No olvidemos que se declara frecuentemente un *inmoralista*. Sin embargo, son también muchos los pasajes que nos conducen a conferirles un contexto a esas mismas referencias. Nietzsche es un crítico despiadado de la tradición moral occidental, tradición en la que le cabe una función hegemónica a la moralidad cristiana. Ésta es la moralidad que Nietzsche critica y aquella que busca destrozar.

De allí provienen varios de sus pronunciamientos. En *La voluntad de poder*, Nietzsche escribe:

> En la medida en que creemos en la moralidad, emitimos sentencia sobre la existencia.

Ese comentario es todavía ambiguo, pues no nos indica si Nietzsche acepta o rechaza este «emitir sentencia». Sin embargo, una frase escrita enseguida nos permite sospechar que ese «emitir sentencia» esconde una fuerte crítica:

> Los valores morales son formas de emitir sentencia, negaciones; la moralidad es una manera de darle las espaldas a la voluntad de existencia.

En *Ecce Homo*, Nietzsche escribe:

> *Definición de moralidad*: Moralidad – la idiosincrasia de los decadentes con el motivo final de vengarse contra la vida, exitosamente.

> [...] el pretexto sagrado de *mejorar* la humanidad, como artimaña para chuparle la sangre a la propia vida. La moralidad como vampirismo.

Sin embargo, en múltiples otros pasajes Nietzsche nos reitera que, más allá de la crítica a los valores tradicionales, es necesario reevaluar tales valores con el objetivo de generar un conjunto de valores radicalmente diferentes. Nietzsche pareciera entender que los valores, en general, son reguladores necesarios de la existencia humana. La propia separación entre persona y sombra, a la que nos hemos referido previamente, se realiza a partir de un proceso de construcción de un orden interno guiado por valores o ideales. Su invitación a la transformación personal, de igual manera, no puede prescindir de los valores. No se trata, por lo tanto, de abandonar los valores, sino de avanzar hacia una radical refundación de los mismos.

En *Humano, demasiado humano*, Nietzsche nos señala:

> La primera señal de que un animal ha devenido humano consiste en que su comportamiento deja de estar dirigido a su satisfacción inmediata y se dirige más bien a su satisfacción duradera, lo que corresponde al momento en el que el hombre deviene útil, *regido por lo conveniente*: entonces, por primera vez, la regla de la razón irrumpe [...] Un estado todavía más alto es alcanzado cuando el hombre actúa de acuerdo al principio del *honor*, a través del cual él encuentra su lugar en la sociedad, sometiéndose a sentimientos sostenidos en común que le permiten elevarse por sobre la fase en la cual estaba guidado sólo por su sentido de utilidad personal [...] Finalmente, en su nivel más alto de moralidad *hasta ahora*, él actúa de acuerdo a su propio estándar sobre las cosas y los hombres; él determina por sí mismo y por los demás lo que es honorable, lo que es conveniente. Él ha devenido el legislador de opiniones, de acuerdo con un concepto cada vez más refinado de utilidad y de honor [...] Ahora también deseamos trabajar para nuestros compatriotas, pero sólo en cuanto encontramos nuestro propio beneficio en este mundo: ni más, ni menos.

La propuesta de Nietzsche no es la abolición de todos nuestros valores. Los seres humanos no pueden vivir sin ellos. Es más, según Nietzsche, el primer valor que estamos obligados a rescatar, después de que la metafísica y el cristianismo hicieran estragos con él, es el valor de la vida y de su afirmación: la capacidad de responder a ella con un inequívoco «¡Sí!». La lucha que Nietzsche desencadena no está dirigida contra los valores en general, sino contra aquellos que han terminado por comprometer nuestra existencia. Su llamado va dirigido de manera explícita a realizar una «revalorización de nuestros valores», de manera de liberarnos de aquellos que corroen nuestra vida y generar nuevos valores que nos permitan una vida de mayor plenitud.

Übermensch: el ser humano comprometido con su superación

Frente a este mundo tenemos dos grandes opciones. Responder pasivamente, reactivamente, y dejarnos arrastrar por el nihilismo o por las tendencias que se desarrollen en nuestra sociedad para contrarrestarlo. O bien, asumir el desafío y comprometernos con el camino que hoy, como nunca antes, se nos abre para optar por el camino de la transformación del mundo y de nuestra propia superación. Ésta es, según Nietzsche, la gran línea divisoria del futuro. Quienes opten por avanzar hacia su propia superación optan por la figura que él define como *übermensch*.[27]

Uno de los rasgos que define al *übermensch* es su radical afirmación de esta vida y su rechazo a mundos alternativos construidos en compensación por lo que esta vida no le ofrece o por sus propias vulnerabilidades personales en ella. El *übermensch* ama la vida, con todo lo que ella encierra, así como se compromete con las oportunidades de creación que ésta le ofrece. Él rompe la relación de dependencia y de subordinación que erige la perspectiva metafísica entre los valores-objetos y el individuo, en cuanto sujeto de su propia existencia.

El camino del *übermensch* apunta a la opción de los emprendedores, de aquellos seres humanos que se comprometen con su propia transformación y que procuran ir más allá de sí

[27] Este término ha sido frecuentemente traducido al castellano como «superhombre» (y, al inglés, como «superman», con lo cual se le ha asociado con el personaje de la tira cómica del mismo nombre), pero esta traducción aplana el término alemán y particularmente trivializa el prefijo *über*, que tiene connotaciones de superación y trascendencia. De allí que he optado por conservar el término en alemán.

mismos; es el camino de los conquistadores de los territorios del futuro.

En *Así habló Zaratustra*, Nietzsche nos dice:

> El hombre es una cuerda tendida entre la bestia y el *übermensch*: una cuerda sobre un abismo.

El sentido de trascendencia que procuraba ofrecer la metafísica, para lo cual postulaba un orden de realidad por sobre nuestra realidad concreta, se convierte a partir de la noción del *übermensch* en un compromiso de trascendencia en el interior de esta vida y de la realidad concreta en la que ésta transcurre. El ser humano se construye a sí mismo y lo hace permanentemente. Su ser se encuentra en un proceso constante de devenir. Nietzsche dice en *Más allá del bien y del mal*:

> Lo mejor que somos, eso no lo conocemos – no podemos conocerlo.

En efecto, lo mejor que somos es algo que descubriremos en el interior del propio devenir de nuestra existencia. El ser que somos no es algo dado, algo que esté allí, sino algo que construiremos. En *Aurora*, Nietzsche nos señala:

> [...] no dudes de esto: *¡eres hecho!*, ¡en cada instante! La humanidad ha confundido siempre la voz activa (siendo) con la voz pasiva (ser), ése es su eterno error gramatical.

Para Nietzsche, no es necesario postular un segundo orden de realidad, un cielo por sobre la tierra. En este sentido coincide con Spinoza. Sin embargo, Nietzsche se distancia de Spinoza en un punto importante. Este último sostenía que uno de los rasgos fundamentales del ser era su instinto de perseverar en sí mismo. Perseverar en sí mismo, para Nietzsche, representa una forma de preservación y, por tanto, de conservación. El ser humano, según Nietzsche, va mucho más lejos. Su instinto fundamental es el de su superación. De allí que no nos extrañe que, en *Más allá del bien y del mal*, a pesar de su gran admiración por Spinoza, Nietzsche nos advierta:

> [...] el instinto de autopreservación – se lo debemos a la inconsistencia de Spinoza.

El sentido y el motor de la vida, para Nietzsche, es la expansión del ser, el compromiso con desarrollar el ser que somos. Pero si el ser vivo se constituye en su capacidad de acción, expandir el ser equivale a expandir nuestra capacidad de acción y a comprometerse con transformar el mundo con nuestras acciones.

Ello conlleva diversas implicancias. La primera nos permite entender la crítica de Nietzsche a Darwin. Para Darwin el motor de la evolución de la vida es la supervivencia, la capacidad de adaptación de las especies a su entorno, la preservación de la capacidad de reproducción o las ventajas adaptativas y reproductivas que en el interior de una especie alcanzan determinados individuos. Para Nietzsche, todos esos criterios son estrechos. Garantizar la supervivencia no es suficiente. Lo realmente importante guarda relación no con la mera supervivencia, sino con la capacidad de superación y obtención de nuevos diferenciales de poder que determinados individuos logran sobre otros en el interior de una misma especie o que determinadas especies alcanzan sobre otras especies y sus entornos.

En esa crítica de Nietzsche a Darwin, escuchamos simultáneamente su crítica a aquella temprana fascinación que ejerciera sobre él Schopenhauer. Éste postulaba como motor de la existencia la «voluntad de vivir». No basta con querer vivir, nos indica Nietzsche. No basta con desear asegurar la vida. Para asegurarla es preciso comprometerse con la expansión del ser que somos, con la transformación del mundo y la superación de nosotros mismos. Hacerlo implica adoptar la figura paradigmática del *übermensch*. Para lograrlo, es necesario desplegar nuestra voluntad de poder. El concepto de «voluntad de poder» en Nietzsche, por lo tanto, se levanta en oposición al concepto de «voluntad de vivir» de Schopenhauer.

La noción del *übermensch* le proporciona simultáneamente a Nietzsche la respuesta para enfrentar el nihilismo, aquella pérdida del sentido de vida que se produce en la modernidad, aquella caída estrepitosa de los cielos. El sentido de la vida, nos dice Nietzsche, debe ser buscado y encontrado en la Tierra. Una vida con sentido es una vida de emprendimiento.

En *Así habló Zaratustra*, el gran profeta proclama:

> El *übermensch* es el sentido de la Tierra. Que nuestra voluntad diga: que el *übermensch* sea el sentido de la Tierra.

El *übermensch* es un ser humano que no acepta los valores establecidos, heredados del pasado, por el sólo hecho de tratarse de valores establecidos. Parte importante del desafío que enfrenta es el de revaluar dichos valores y generar su propio sistema de valores. No es ésta una tarea fácil. Para acometerla se requiere de una gran fortaleza del alma. El principal enemigo para lograrlo, nos dice Nietzsche, es el miedo, aquel miedo que en su momento condujo a Sócrates a cobijarse en el mundo trascendente de las ideas abstractas, universales e inmutables, el mundo del ser del que nos hablaba Parménides.

Lo que caracteriza al *übermensch*, sin embargo, no es la ausencia del miedo. Nietzsche sabe como pocos, a partir de sus propias experiencias, de la precariedad y vulnerabilidad del alma humana, precariedad que está siempre en la base de la emoción miedo. El desafío del *übermensch* consiste en superar ese miedo. Ello implica confrontarlo y trascenderlo. Mientras subsista el miedo nos será difícil abandonar los residuos metafísicos que todavía viven en nosotros. La metafísica, nos insinúa Nietzsche, ha sido una estrategia para apaciguar nuestros miedos. Pero esa estrategia ha dejado de lograr su propio objetivo. Ello nos obliga a salir de la guarida que la metafísica nos proporcionaba.

'La voluntad de poder

El camino de la transformación es el camino del poder. Del gran poder. Del poder que vemos asociado a todo gran innovador, a todo gran líder, a toda persona que logra dejar una huella positiva en el desarrollo de la humanidad. Poder y transformación son términos indisociables. No se trata, sin embargo, de una concepción del poder pequeña y mezquina, relacionada con ocupar posiciones sociales que nos habiliten para imponer nuestra voluntad por sobre la de los demás. Se trata de asumir la capacidad de transformación inherente a todo ser humano para hacer de este mundo un mundo mejor y hacer de nosotros seres también mejores. Se trata, además, de evaluar críticamente el significado de «lo mejor» y replantearnos el problema del bien y, consiguientemente, también el problema del mal.

Ése es el desafío que nos deja planteado Nietzsche, desafío que requiere de valentía, desapego, disposición a soltar amarras y enfrentar riesgos y peligros. Es entrar en caminos para los cuales no disponemos de mapas prediseñados ni de la posibilidad de apoyarnos en autoridades que nos aseguren que son los caminos correctos. El problema es que hemos dejado de tener certeza precisamente sobre lo correcto tal como lo concebíamos en el pasado. Por lo general no contamos con manuales, catecismos o libros de instrucciones para el guía. Los mapas son siempre mapas de caminos ya recorridos por otros. Nadie ha recorrido el futuro que hoy se nos abre. Serán nuestros propios recorridos los que luego permitan la construcción de mapas. Pero estos mapas serán muy diferentes de aquellos que hemos utilizado en el pasado, pues serán mapas para recorridos autónomos e innovadores.

Podemos escuchar a Nietzsche de distintas maneras. Lo podemos hacer desde el terror hacia el mundo que nos muestra, pero ello no cambiará el hecho de que su visión pueda ser acertada o equivocada. Lo podemos escuchar desde el escepticismo, la resignación y la indiferencia. Pero podemos también alistarnos para asumir el desafío que nos plantea. Nietzsche sospecha que serán pocos los que escuchen su llamado y se dispongan a responder a su desafío. Ésta no es para él una cuestión de mayorías o minorías; no es un problema a resolver acudiendo a consensos o a mecanismos democráticos. Estos últimos serán activados desde atrás, siempre con retraso y a partir de los logros ya alcanzados por los conquistadores del futuro, por la labor de los emprendedores. No es éste el papel de la democracia y Nietzsche no se hace ilusiones frente a ella. La democracia no es herramienta de conquista, sino el terreno en el que se da la contienda y el espacio a conquistar.

La noción de «voluntad de poder» que propone Nietzsche ha sido un punto importante de discordia y de interpretaciones cruzadas. Algunos hicieron uso del término para justificar la ideología militarista nazi de conquista y colonización y lo vinculaban como vocación de dominio y sometimiento de otros pueblos que desplegaban sobre el mundo quienes se concebían como «superhombres». La misma noción del *übermensch* se la vinculaba a la tesis de la superioridad aria que el movimiento nazi invocaba en su ideología antisemita. Estas interpretaciones son ajenas al pensamiento y a la sensibilidad de Nietzsche. Nada hubiese escandalizado más a Nietzsche que el espectáculo de las hordas nazis, el grado de manipulación que ejercían sus líderes y la disposición a un comportamiento de rebaño que mostraban quienes ciegamente los seguían. La noción de *übermensch* y el llamado a desplegar la voluntad de poder representa una convocatoria a hombres y mujeres libres.

Con todo, la noción de voluntad de poder también es situada por Nietzsche en un nivel más profundo. Aunque la invoca para que sea cabalmente asumida por hombres y mujeres libres, Nietzsche concibe la voluntad de poder como una expresión de toda forma de vida. Vivir es desplegar la voluntad de poder, manifestar ese impulso que le es inherente a todo ser vivo y que lo lleva a crecer, hacerse más fuerte, conquistar nuevos espacios. Es lo que percibimos, por ejemplo, cuando observamos el crecimiento de un árbol, que crece y se eleva acercándose a la luz de lo que alimenta.

Podemos, por lo tanto, distinguir dos modalidades de expresión de la voluntad de poder. En un primer nivel, como mera expresión del fenómeno del vivir. En un segundo nivel, como una opción de vida, como el compromiso de hacer plenamente uso de ese atributo de la vida, como algo que no sólo se expresa pasivamente en todo ser vivo, sino como la expresión activa, consciente, propia de una determinada modalidad de vida. Lo mismo sucede con las nociones de devenir y transformación. En un cierto nivel, devenir y transformación son planteados por Nietzsche como rasgos inherentes del mundo y la realidad. En un segundo nivel, ellos representan también modalidades particulares de existencia, que separan a quienes viven la vida procurando vanamente preservar su ser, de quienes asumen el compromiso de participar de manera consciente en activar su propia capacidad de devenir y transformación.

La filosofía de Nietzsche proclama la libertad individual y coloca en el centro la capacidad creativa del individuo. El poder que invoca está referido precisamente a esa capacidad creativa individual. Sin embargo, ese desafío individual de transformación y creatividad se traduce en resultados que afectan el colectivo, el conjunto de los miembros de la sociedad. Los caminos que con su voluntad de poder nos abre todo *übermensch*, todo emprendedor, tiene la fuerza de transformar el ser de la comunidad y el propio ser del conjunto de los individuos que la componen. Esta voluntad de poder no sólo transforma el mundo. Al hacerlo cambia también el ser de quien la despliega, así como cambia el ser de aquellos que viven en esos mundos y de los hombres y mujeres que los sucederán en el futuro.

El terreno principal en el que Nietzsche percibe la voluntad de poder es el del pensamiento y el desarrollo artístico. Los personajes que concibe como expresivos de esta voluntad de poder son personas que afirmaron su individualidad y que, desde su soledad, destacaron por sobre los demás. Spinoza, Goethe y Leonardo son, para Nietzsche, ejemplos de voluntad de poder. Una de las cosas que más admira en Spinoza es precisamente el que haya procurado «convertir el conocimiento en el más poderoso de los impulsos». Nietzsche cree, por sobre todo, en el poder del conocimiento. Ése es su propio compromiso y su camino para llegar a ser quien aspira ser.

Eso no puede extrañarnos. Ya examinamos cómo una de sus objeciones más importantes a la metafísica es haber cuestionado el papel que ésta le confería a la verdad. Nietzsche sostiene que la verdad metafísica no es el *kriterion* para discernir entre diferentes interpretaciones y determinar cuál es superior. Lo que permite discernir entre ellas es justamente el poder que ellas nos proporcionan. Ello determina, por lo tanto, lo que debemos exigirles a nuestras propias interpretaciones: que sean poderosas, que logren ampliar los horizontes de posibilidades de una manera que otras no logran, que sean capaces de mostrarnos caminos de acción, de intervención, de transformación que otras no pueden. Que sean capaces, en fin, de contribuir al desarrollo, la expansión y el devenir del ser.

Nietzsche identifica tres modalidades diferentes de poder. Éste es un tema desarrollado bajo el título de «Las tres metamorfosis», en su *Zaratustra*. Nos habla, en primer lugar, del poder que se encarna en la figura del camello. Es el poder que se expresa en capacidad de resistencia, de soportar la sed durante un largo tiempo; el poder de quien acepta la carga y las penurias. Se trata del poder de quien asume una tarea y persiste en ella hasta verla completada. Su voz nos dice «Yo puedo». Se trata de un poder que todos debemos aprender a ejercitar.

La segunda modalidad de poder, dice Nietzsche, es el poder del león. Es un poder muy diferente del primero. Es, en efecto, un poder altivo, de dominio y conquista, de libertad. Un poder que defiende lo suyo y fija límites que los demás deben aprender a respetar: un poder que cuando se siente amenazado ataca y destruye. El león impone su regla. Su voz nos dice «Yo quiero». Éste es el poder que requerimos para la afirmación de nuestra dignidad. Estas dos modalidades de poder no pueden ser desconocidas.

Sin embargo, Nietzsche se inclina por una tercera modalidad de poder, una modalidad de poder superior: la que se encarna en el niño. Es el poder de la curiosidad y de la inocencia, de la respuesta liviana frente a los avatares del devenir. Tomando una imagen de Heráclito, es el poder de quien construye castillos en la arena y, cuando las olas del mar los derrumban, vuelve a construirlos. Es el poder que se ejerce desde el juego y el baile. El niño expresa el poder de la creación, de la afirmación plena de la vida. Su voz es la de un gran «¡Sí!».

Examinemos algunas referencias que Nietzsche hace en relación al tema precisamente en *La voluntad de poder*:

> Tener y querer tener más –*crecer*, en una palabra–: eso es la vida misma.

> Transformar la creencia de «es así y así» en la voluntad de «*llegaré a ser* así y así».

> Finalmente, no es sólo el sentimiento de poder, sino el placer en crear y en la cosa creada; pues toda actividad entra en nuestra conciencia como conciencia de una *obra*.

> Todos los eventos que resultan de la intención son reducibles a la intención de incrementar el poder.

Moralidad de nobleza y moralidad de rebaño

El camino propuesto por Nietzsche no es un camino para todos; es un camino para pocos, un camino para algunos. Esto le confiere a su proyecto un marcado carácter aristocrático. Pero no se trata de una aristocracia apegada a privilegios del pasado, sino todo lo contrario: una aristocracia comprometida con ganar los privilegios del futuro e inscribir sus nombres en una historia todavía no recorrida, ni menos todavía escrita. Se trata de aquella aristocracia que proveerá los materiales de la historia que está por escribirse, que está por inventarse. Una aristocracia que nunca dejará de existir. Aquella que dejará siempre sus nombres en los libros de historia, pues es una aristocracia compuesta por los forjadores de esa misma historia.

Nietzsche apela a un elevado sentido de nobleza, pues llama a conformar las noblezas del futuro e invoca para esto las vocaciones más nobles del alma humana. Nietzsche no es un igualitarista. Tampoco un socialista. Al socialismo lo desprecia. En *La voluntad de poder*, señala:

> Socialismo – como la conclusión lógica de la *tiranía* de los que son menos y limitados, vale decir, de los que son superficiales, envidiosos y actores de tres cuartos.

Aunque el suyo es un llamado a la distinción, no a la igualdad, nadie está excluido de antemano. Todos estamos calificados para inscribir nuestros nombres en la historia por venir, sin distinciones de raza, credo, género u orientación política. Nietzsche se sitúa más allá de nuestros mecanismos habituales de exclusión.

A partir de lo planteado anteriormente, Nietzsche se opone con vigor a lo que llama la moralidad de rebaño, que, según él, tiende y posiblemente tenderá siempre a ser mayoritaria. Ésta es la moralidad de los seguidores, de los repetidores, de los imitadores, de los copiadores, de los que hacen siempre de eco de voces ajenas y siguen los caminos trazados por otros. Nietzsche opone a esa moralidad de rebaño la moralidad de nobleza, de los que buscan caminos propios, de los que son inventores de nuevos mundos y de nuevos valores. Nietzsche pareciera no hacerse la ilusión de que la moralidad de nobleza llegue a ser mayoritaria, sino que cree que, por su propia naturaleza, será una respuesta que sólo cabe esperar de una minoría.

Esta oposición entre moralidad de nobleza y moralidad de rebaño le permite, por un lado, separar dos formas diferentes de existencia, tal como las encontramos en el mundo. Pero, por otro lado, hay también en ella un llamado, una convocatoria. La filosofía de Nietzsche no sólo busca describir el mundo tal como lo encontramos. Ella además nos convoca a ser parte de un mundo diferente y a sumarnos a las fuerzas de la transformación que pertenecen a ese mismo mundo. En la concepción que nos ofrece Nietzsche no podemos dejar de escuchar el llamado que, desde una perspectiva muy diferente, hiciera el joven Karl Marx al evaluar críticamente la filosofía de Feuerbach:

> Los filósofos hasta el momento no han hecho más que interpretar el mundo; de lo que se trata es de transformarlo.[28]

Como ya hemos dicho, Nietzsche es, por excelencia, el filósofo del devenir y la transformación, el que nos llama a despertar del letargo en que nos ha sumido la noción metafísica del ser, como eterno e inmutable; el filósofo que nos reitera que, independientemente de lo que pensemos, estamos y estaremos siempre en un proceso de transformación permanente y que

---

[28] K. Marx, *Tesis sobre Feuerbach*, tesis undécima, 1845.

tenemos la opción no sólo de padecerlo como algo inevitable, sino de participar activamente en él, de sumarnos a las fuerzas del devenir.

Su filosofía, por lo tanto, llama a dejar de ser un alma de rebaño para convertirnos en un alma noble. En otras palabras, nos convoca a acceder a la nobleza del alma. Hoy, pareciera creer Nietzsche, todos podemos aspirar a una vida de nobleza. Se trata por lo tanto de un llamado que nos muestra esta posibilidad y que busca sacudirnos de nuestra moralidad de rebaño, exhibiendo sus rasgos y mostrándonos las consecuencias que ella impone sobre nuestra existencia.

La distinción entre esos dos tipos de moralidad es, en consecuencia, un tema que Nietzsche esgrime como un arma de batalla. Los términos que escoge para hablar de ello no son inocentes. La palabra «rebaño» ha sido predilecta en el desarrollo del cristianismo, que se percibe a sí mismo en términos de pastores y rebaños. Esa relación, según Nietzsche, requiere ser denunciada y subvertida. Participar de la moralidad de rebaño es equivalente a estar en cautiverio, a no ser realmente libre. El rebaño es un espacio que nos atrapa y nos arrastra a una vida determinada por otros y en la que no nos hacemos responsables de la moral que asumimos.

En *La genealogía de la moral*, Nietzsche argumenta:

> [...] fueron [...] los nobles, los poderosos, los hombres de posición superior y elevados sentimientos quienes se sintieron y se valoraron a sí mismos y a su obrar como buenos, o sea como algo de primer rango, en contraposición a todo lo bajo, abyecto, vulgar y plebeyo.

En *El Anticristo*, en un párrafo que nos recuerda a Spinoza, Nietzsche señala:

> ¿Qué es el bien? Todo lo que incrementa el sentimiento de poder, *La voluntad de poder*, el poder mismo en el hombre. ¿Qué es el mal? Todo lo que procede de la debilidad. ¿Qué es la felicidad? El sentimiento de que el poder aumenta – que una resistencia ha sido superada.

La moralidad cristiana, según Nietzsche, ha pervertido la noción de lo bueno, ha dejado de percibir lo bueno como algo dinámico, en permanente construcción en la historia, como algo que está presente en el actuar y en las obras producidas por el alma noble, para asociarla a lo bajo y lo plebeyo. Dice Nietzsche, en *La genealogía de la moral*:

> El cristianismo ha sido la expresión de la moral de los esclavos.

Resentimiento y venganza

¿Qué hay detrás de esta profunda perversión? La respuesta de Nietzsche se encuentra, nuevamente, en *La genealogía de la moral*:

> La rebelión de los esclavos en la moral comienza cuando el *resentimiento* mismo se vuelve creador y engendra valores.

Inspirado posiblemente por su lectura de Spinoza, el tema del resentimiento representa una de las grandes contribuciones de Nietzsche, tema que tiene una gravitación central en su propuesta. Nietzsche se refiere a él utilizando el término francés *ressentiment*. A través de él, identifica el factor que puede llegar a comprometer el propio éxito de su propuesta y que opera en la historia en sentido contrario a lo que él plantea. Es importante, por lo tanto, estar advertidos del poder de disolución que el resentimiento exhibe en la historia y la forma en que éste compromete la eficacia de la moralidad de la nobleza.

Este problema es aun más serio pues hace de contrapeso a los efectos positivos que la ampliación de la libertad económica y los avances democráticos tienen frente al despertar de las aspiraciones de superación, distinción y emprendimiento que ellos mismos han generado. Esa libertad tanto económica (por la ampliación del mercado) como política (por el desarrollo de la democracia), que ahora permite que vastos sectores de seres humanos puedan sumarse al camino de la transformación del mundo y de sí mismos, puede también servir, debido al resentimiento, para clausurar o al menos comprometer que el camino del emprendimiento y la transformación se habilite.[29]

[29] No es extraño comprobar que el tema del resentimiento aparezca en los desarrollos registrados en torno a la teoría del emprendimiento. Tal

En el desarrollo de nuestra propuesta, la ontología del lenguaje, distinguimos dos tipos diferentes de resentimiento. El primero –en el que hemos procurado profundizar hasta ahora– se refiere al resentimiento que se expresa como odiosidad hacia el otro a partir del juicio de que alguien nos ha hecho mal o nos ha perjudicado injustamente. A partir de una determinada acción u omisión, nos ha generado sufrimiento y, con ello, ha comprometido nuestras posibilidades. Esta clase de resentimiento se identifica con el rencor y nace de una invocación a nuestra dignidad, y está asociado al término inglés *resentment*. Lo percibimos en expresiones del tipo «I resent what you did to me». En la medida en que, de una u otra forma, invocamos nuestra dignidad, ello nos conduce a colocarnos con el otro en un plano de igualdad en la que todos somos merecedores de respeto y cuidado. Es un resentimiento, entonces, que está fundado en el juicio del mal producido por otro. A partir de este tipo de resentimiento se constituye la figura de la víctima.

---

como lo mencioné en su momento, la noción de emprendimiento fue planteada originalmente por Jean-Baptiste Say, en la primera mitad del siglo diecinueve. Sin embargo, fue el gran economista austríaco Joseph Schumpeter (1883-1950) quien, en la primera mitad del siglo veinte, hizo de ella un importante tema de reflexión económica. Dada la afinidad que he postulado entre la filosofía de Nietzsche y la concepción de emprendimiento, no es raro descubrir que para Schumpeter existe tensión inestable entre el desarrollo de la capacidad de emprendimiento, que el mercado y el sistema democrático habilitan, y la lógica del operar de ese mismo sistema y del mercado. Ello conduce a Schumpeter a plantear, como un escenario posible, el advenimiento del socialismo, que comprometería los impulsos emprendedores de los individuos, la democracia liberal y el papel regulador del mercado. El factor clave para que ello suceda es, precisamente, según Schumpeter, el resentimiento que emerge en sectores de la población, a partir de las desigualdades que se generan en el mercado.

Pero Nietzsche no nos habla de ese resentimiento, sino de aquel que se constituye en una situación que exhibe una estructura inversa y se relaciona no con el rencor, sino con la envidia. No está asociado a acciones u omisiones específicas, sino a situaciones diferenciales. Nuestra reacción en contra del otro no se sustenta en un juicio que lo concibe generando el mal, sino que nuestra odiosidad se sustenta en el juicio de ver a ese otro conquistando el bien, teniendo éxito en lo que emprende, ganando el reconocimiento de muchos, obteniendo las recompensas que resultan de sus iniciativas y de sus capacidades de transformación. En este tipo de resentimiento lo que se resiente es el bien que el otro ha logrado y el hecho de que se ha diferenciado, distinguido, alejado de nosotros. Mientras la primera modalidad se sustentaba en el mal que el otro hace, en la segunda se sustenta en el bien que ha logrado. Éste es el sentido del término francés *ressentiment*, que, como vimos, está asociado con la envidia más que con la rabia. O dicho de otra forma, es una rabia, o incluso un odio, fundado en la envidia.

La envidia es una emocionalidad curiosa. Ella fue examinada originalmente por Spinoza. Es la expresión de una contradicción. Por un lado, implica la percepción de una desigualdad. Sin desigualdad no hay nada que envidiar. La envidia surge por cuanto percibo que el otro se ha beneficiado de una manera en que yo no lo he hecho. Sin embargo, la desigualdad no es suficiente para sentir envidia. Los esclavos y los siervos no sentían habitualmente envidia frente a sus amos o señores. Para que surja la envidia es necesario que lo haga desde una perspectiva en la que me concibo un igual frente al otro. Spinoza lo percibe, brillantemente, cuando nos señala:

> Nadie envidia la virtud de cualquiera, sino la de su igual.[30]

---

[30] *Ética*, III, 55, Cor. 2.

El resentimiento del que habla Nietzsche es, en consecuencia, un resultado de la afirmación del principio de la igualdad. Sin concebirnos igual al otro, no nos es posible envidiarlo. Desde el principio de la igualdad, la desigualdad es percibida como injusticia. Y, a partir de una desigualdad así percibida, invocamos la justicia que restituye aquella igualdad que ha sido negada. El principio de la igualdad adquiere una especial preponderancia en al menos tres escenarios culturales diferentes. El primero es la tradición cultural judeocristiana. El segundo es el ideario republicano asociado a la Revolución francesa, particularmente en su variante rousseauniana.[31] El tercero es el movimiento socialista, heredero de las dos tradiciones anteriores. En la segunda acepción, el resentimiento se sustenta por lo tanto en una situación de desigualdad. Es la expresión de un rechazo frente a la distinción que separa a unos individuos de otros. Se trata de un mecanismo que convierte en culpable a quien se distingue e involucra un rechazo visceral a la diferenciación. Tras ella, apunta Nietzsche en *La voluntad de poder*, se esconde un juicio que muchas veces se expresa sosteniendo que

> [...] alguien debe ser responsable, pues *de lo contrario sería insoportable*.

Este último es un resentimiento que conduce a quienes lo padecen a desarrollar acciones que buscan como resultado suprimir la diferenciación producida. Ello implica también una invocación a reestablecer la igualdad y a eliminar lo que nos diferencia, lo que nos «distingue». Pero esta vez no se trata de una igualdad fundada en la dignidad moral de las personas, sino de una igualdad en los resultados que cada uno obtiene a partir de las acciones que realiza para modificar sus condiciones de

---

[31] Rousseau, como sabemos, levanta el conjunto de su concepción sustentado en el principio de la igualdad.

existencia. La igualdad buscada es una igualdad en los resultados, que se traduce, en definitiva, en deshacer la diferenciación que proviene de nuestra diferencial capacidad de acción. Si la acción es todo, como sostiene Nietzsche, el poder diferenciador de la acción queda entonces comprometido.

Este segundo tipo de resentimiento es un fenómeno altamente generativo. De él resultan importantes consecuencias. Una vez instalado, es posible utilizarlo socialmente para acumular fuerzas suficientes para socavar las bases de una moralidad de nobleza. Uno de los peligros de la democracia, según Nietzsche, es que habilita el desarrollo de políticas sustentadas en el inmenso poder que resulta de este tipo de resentimiento, con lo cual se bloquean los espacios para una moralidad de superación. No se trata, sin embargo, de destruir por ello las condiciones democráticas de convivencia, las que, por otro lado, producen también esa notable ampliación de las condiciones para facilitar el emprendimiento. Se trata de reconocer en ella los peligros que la acechan para restringir esas mismas condiciones y permitir el desarrollo y auge de las políticas del resentimiento.

Del resentimiento nace el instinto de venganza. Nietzsche procura mostrarnos su importancia en el devenir histórico. Muchos desarrollos históricos fundamentales no son sino modalidades encubiertas de venganza, fundadas en el resentimiento. En *La voluntad de poder*, éste es un tema al que Nietzsche vuelve reiteradas veces:

> [...] la totalidad de la metafísica, de la psicología, de la concepción de la historia, pero, por sobre todo, de la moralidad, está impregnada por él [el instinto de venganza]. En tanto el hombre ha pensado, ha introducido el bacilo de la venganza en las cosas. Ha incluso contaminado a Dios con él, ha *privado la existencia* en general de *su inocencia*; a saber, al haber retrotraído cada estado del ser, sea éste de tal o cual manera, a una voluntad, a una intención, a un acto responsable. Toda la doctrina de la voluntad, esta mayor y fatídica *falsificación* en el

desarrollo de la psicología hasta ahora, fue inventada esencialmente con el propósito de castigar.

Con este fin, el hombre fue concebido como «libre»; con este fin, cada acción fue concebida como resultado de la voluntad, el origen de la noción de que toda acción es consciente.

[...] aquellos apóstoles de la venganza y el *ressentiment*, esos pesimistas de la indignación *par excellence*, que convierten en su misión el santificar su basura bajo el nombre de la «indignación».

No somos el resultado de una intención eterna, de una voluntad, de un deseo; *no* somos el producto de un esfuerzo por alcanzar un «ideal de perfección» o un «ideal de felicidad» o un «ideal de virtud» – no más que un error garrafal de parte de Dios que debe haberlo asustado incluso a él [...] No existe el lugar, el propósito o el sentido, que nos permita asignarle la responsabilidad por nosotros ser de tal o cual manera. Por sobre todo; nadie pudo hacerlo; ¡no podemos juzgar, medir, comparar la totalidad y menos todavía negarla! ¿Por qué no? Por cinco razones, todas ellas accesibles al más modesto de los intelectos; por ejemplo, *por cuanto nada existe independientemente de la totalidad* [...] Volvamos a decirlo, esto constituye un acto restaurativo tremendo; esto constituye la inocencia de toda existencia.

Ya en *La genealogía de la moral*, Nietzsche acusa a toda acción que no hace más que

[...] santificar la *venganza*, dándole el nombre de *justicia*.

La doctrina del eterno retorno y sus problemas

Hasta aquí hemos abordado los grandes ejes temáticos de la filosofía de Nietzsche: su crítica a la metafísica y al cristianismo, su análisis del nihilismo, su crítica a la noción metafísica de la verdad, la necesidad de acometer una revaluación de los valores, su distinción entre una moral de nobles y una moralidad de esclavos, su particular mirada al alma humana, la noción del *übermensch*, el concepto de la voluntad de poder, su concepción perspectivista del conocimiento, su sentido aristocrático de la vida, entre otros.

Sin embargo, hay un tema importante que no hemos tocado. Se trata de su doctrina del eterno retorno, doctrina que el propio Nietzsche reconoce que fue un descubrimiento fundamental en el desarrollo de su concepción. Éste tuvo lugar cuando, estando en Sils-Maria en el verano de 1881, durante un paseo junto al lago Silvaplana, se encontró con esta noción. El momento se le quedó grabado. En sus notas escribe:

> El nuevo centro de gravedad: el eterno retorno de lo idéntico [...] Primeros días de agosto de 1881 en Sils-Maria, a 6.000 pies sobre el nivel del mar y mucho más alto aun sobre todas las cosas humanas.

Esta nueva doctrina aparece mencionada en varias oportunidades y muy especialmente en *Así habló Zaratustra*. Se trata, dice Nietzsche, de uno de los mensajes de mayor importancia del gran profeta.

Debemos confesar que tenemos problemas con la doctrina del eterno retorno. No estamos en condiciones de decir si no la hemos comprendido bien o si, habiéndola comprendido, no estamos de acuerdo con ella. Hasta ahora, no sólo hemos expuesto aquello que considerados que Nietzsche piensa. Éste no es un trabajo académico de erudición que busca dar cuenta de un pensamiento ajeno. Eso no corresponde con la manera en que concebimos nuestra vocación filosófica. Cada vez que abordamos un tema, tomamos posición con respecto a él y, si lo que exponemos no hace explícita una crítica, ello significa que compartimos esa posición y estamos dispuestos a defenderla. Pues bien, eso nos crea un problema al abordar la doctrina del eterno retorno.

Lo primero que es importante advertir es que éste no es un problema estrictamente nuestro. La doctrina del eterno retorno ha tenido muy diversas interpretaciones y lo que Nietzsche sostiene sobre ella da la impresión de ser insuficiente. Nada me gustaría más que alguien resolviera este problema y aclarara la doctrina de una manera que me pudiera ser convincente. Desgraciadamente las interpretaciones que conozco –y son muchas– me son hasta ahora insatisfactorias.

Comencemos por decir que Nietzsche nos la presenta como la resolución de un misterio y, por lo tanto, como una concepción no habitual y de gran poder iluminador. Nos describe cuándo y cómo llego a ella, hasta considerarla un hito importante en su propio desarrollo intelectual. Sin embargo, cuando expone la doctrina, al menos yo quedo con la sensación de una gran ambigüedad y no logro ver la luz que supuestamente ella debiera aportar.

El primer problema que encontramos en relación a la doctrina del eterno retorno guarda relación con su nombre y con la traducción que de él se hace desde el alemán. El término alemán es *ewige Wiederhunft*. Muchos han cuestionado su traducción como «eterno retorno». De hecho, el término *ewige* significa también «perpetuo» y Walter Kaufmann sostiene que «recurrencia» es una traducción más rigurosa de *Wiederhunft*. Podríamos entonces hablar de una «perpetua recurrencia» o de una «eterna recurrencia».

Veamos ahora cómo se refiere Nietzsche a dicho concepto y cómo interpreta su significado. Un primer hecho destacable es que Nietzsche se refiere a él como un pensamiento y, por lo tanto, como una mirada y no como un atributo de la realidad. Esto es interesante: aunque Nietzsche reconoce que lo que sostiene es siempre una interpretación, no siempre tiene el cuidado de separar tan claramente su interpretación de aquello que busca ser interpretado. En muchos otros temas, ese cuidado no está presente. Sucede incluso todo lo contrario: en su filosofar con martillo, Nietzsche muy a menudo nos da la impresión de golpearnos con su confianza sobre la plena validez de sus interpretaciones. Esta vez, sin embargo, Nietzsche se cuida de presentar su pensamiento como pensamiento. Ello le confiere a éste un marcado carácter conjetural.

Si tomamos la manera en que Nietzsche aborda la noción de la eterna recurrencia, nos encontramos con que la desarrolla en al menos dos variantes interpretativas diferentes. No descartamos que puedan encontrarse otras, pero hasta ahora reconocemos dos. En la primera versión la eterna recurrencia aparece como una temática que surge como un atributo particular del devenir. El devenir, nos dice Nietzsche, es eterno y es incesante. No tuvo origen, ni tendrá fin. No existe un momento originario de la creación ni existirá tampoco un momento que marque su fin. Los momentos de la creación y del fin del mundo son ajenos al devenir. El devenir ha existido siempre y siempre existirá. Nunca se detendrá, nunca se estabilizará. Nunca llegará a ser. En cuanto devenir, el devenir permanece todo el tiempo siendo devenir. En su devenir, no cambia y si no cambia, en su mismo devenir es por lo tanto inmutable. Nada lo detiene, no se inmuta en su reiteración infinita, en su capacidad de perpetua transformación.

Nietzsche lleva la noción del devenir hasta sus últimas consecuencias lógicas, de manera de cerrarle completamente el paso al «dominio del ser». Si el devenir es perpetuo, la constitución del ser queda excluida en su transcurso, en su origen y en su término, en la medida en que el propio concepto del devenir excluye origen y término. Sin embargo, en esta postura radical frente al devenir, Nietzsche paradójicamente se acerca de una extraña manera a la noción del ser que busca rehuir. Al menos dos de los atributos originalmente asignados al ser son válidos también para el devenir: eternidad e inmutabilidad. Estamos muy cerca de sostener que los otros dos también le son propios: presencia y unidad. En efecto, el devenir se manifiesta (tiene presencia) y todo lo que deviene remite a una misma totalidad en proceso de transformación. Buscando cerrarle el camino a la noción de ser, Nietzsche termina reencontrándose con sus mismos atributos, esta vez como atributos del devenir.

El devenir opera, según Nietzsche, en un mundo constante. Sus elementos son siempre los mismos. En su transcurso no hay elementos nuevos, no hay nada que se incorpore, nada que se pierda. Los mismos elementos se conservan eternamente, sólo se modifican sus combinaciones. Los desarrollos más importantes sobre esta noción de la perpetua recurrencia no las encontramos en las obras que Nietzsche publicara mientras estaba vivo. Aunque se alude a ella tanto en *La ciencia gaya*[32] como en *Así habló Zaratustra*, es en sus apuntes tardíos, recopilados póstumamente en *La voluntad de poder*, que Nietzsche se permite hablar más en detalle de la eterna recurrencia.

Dada la complejidad del tema nos parece importante traer algunas de estas secciones.

> Permítasenos pensar este pensamiento en su más terrible forma: la existencia como es, sin sentido ni propósito, sin embargo recurriendo inevitablemente sin ningún final en la nada: la *eterna recurrencia*.

---

[32] Secciones 285 y 341.

El que *todo recurra* es la *aproximación* más cercana de *un mundo del devenir a un mundo del ser*: punto alto de meditación.

Más adelante, en las páginas finales del mismo libro, encontramos lo siguiente:

Todo deviene y recurre eternamente – ¡escapar es imposible!

Enseguida, en un párrafo con resonancias hegelianas:

Si el mundo tuviera un objetivo, debiera haberse alcanzado. Si tuviera asignado un estado final no-intencionado, éste también debiera haberse alcanzado. Si tuviera la capacidad de detenerse de cualquier manera, de hacerse fijo, de «ser», si en el curso completo de su devenir poseyera, por un instante, esta capacidad para «ser», entonces todo el devenir habría desde hace tiempo llegado a su fin, junto con todo el pensamiento, todo el «espíritu». El hecho mismo del «espíritu» como una forma de devenir demuestra que el mundo no tiene un objetivo, un estado final y que es incapaz de ser.

Y más adelante:

La nueva concepción del mundo. – El mundo existe, no es algo que deviene, no es algo que fluye. O, más bien: él fluye, pero nunca comenzó a devenir y nunca ha cesado de fluir –en ambas situaciones él se mantiene a sí mismo. – Él vive de sí mismo: sus excrementos son sus alimentos.

Por último:

Si el mundo pudiera en cualquier forma devenir rígido, seco, muerto, *nada*, o si pudiera alcanzar un estado de equilibrio, o si tuviese cualquier tipo de objetivo que involucrara duración, inmutabilidad, el de-una-vez-para-siempre (en breve, hablando metafísicamente: si el devenir *pudiera* culminar en ser o en nada), entonces ese estado ya debiera haberse alcanzado.

Sin embargo, más allá de esta primera concepción del eterno retorno, se superpone una segunda, derivada posiblemente de la primera, pero diferente de aquélla. Su argumento y sus conclusiones son otras. Veamos, en primer lugar, cómo ella es expuesta por Nietzsche. También en *La voluntad de poder*, señala algo muy similar a una cita que ya recogimos:

> Si el mundo permite ser pensado en términos de una cierta cantidad de fuerza y un cierto número de centros de fuerza – y toda otra representación queda indefinida y por lo tanto inútil – se sigue que en el gran juego de dados de la existencia, ella debe pasar por un número calculable de combinaciones. En un tiempo infinito, toda combinación posible se cumplirá en un tiempo o en otro; todavía más, ella se realizará un número infinito de veces. Y dado que entre cada combinación y su recurrencia siguiente todas las demás combinaciones tendrán que haber tenido lugar, y dado que cada una de las combinaciones condiciona la secuencia entera de combinaciones en la misma serie, un movimiento circular de series absolutamente idénticas queda demostrado: el mundo como un movimiento circular que ya se ha repetido a sí mismo infinitamente y que juega su juego *in infinitum*.

Más adelante añade:

> Y, ¿saben ustedes lo que es el «mundo» para mí? ¿Se los muestro en mi espejo? Este mundo: un monstruo de energía, sin principio, sin término; una fuerza de magnitud firme, de hierro, que no crece para hacerse mayor o menor, que no se gasta a sí misma pero que sólo se transforma; como un todo, de tamaño inalterable, una casa sin gastos ni pérdidas, pero de igual modo sin incrementos ni ingresos; encerrada por la «nada» como frontera: no algo borroso o gastado,

no algo que se extiende infinitamente, sino establecida en un espacio definido como una fuerza definida, y no como un espacio que pudiera estar vacío aquí o allá, sino más bien como fuerza de punta a cabo, como un juego de fuerzas y ondas de fuerzas, al mismo tiempo una y muchas, aumentando aquí y al mismo momento disminuyendo allá; un mar de fuerzas fluyendo y apresurándose juntas, cambiando eternamente, eternamente desbordándose hacia adentro, con tremendos años de recurrencia, con un reflujo y una inundación como su forma: alcanzando las formas más complejas a partir de las más simples, alcanzado los estados más calientes, más turbulentos, más autocontradictorios a partir de los estados más quietos, más rígidos y más fríos, para luego retornar a casa, desde la abundancia a lo más simple, desde el juego de las contradicciones de vuelta al gozo de la concordia, afirmándose a sí misma todavía en esta uniformidad de sus rumbos y sus años, bendiciéndose a sí misma como aquello que debe retornar eternamente, como un devenir que no conoce la saciedad, ni el disgusto, ni el cansancio: éste, mi mundo *dionisíaco* de lo eternamente autocreado, lo eternamente autodestruido, sin objetivo, a menos que el goce del círculo sea un objetivo; sin voluntad, a menos que un anillo sienta buena voluntad hacia sí mismo – ¿quieren un *nombre* para este mundo? ¿Una solución para todos sus enigmas? ¿Una *luz* para ustedes, ustedes también, los hombres mejor ocultados, los más fuertes, los más intrépidos, los hombres de la medianoche? ¡Este mundo es *la voluntad de poder – y nada más que eso*! ¡Y ustedes son también son esta voluntad de poder y nada más que eso!

¡Qué cita! Con ella se cierra la edición de *La voluntad de poder*. Al leerla sentimos a Nietzsche transportado por una pasión desbordante. El filósofo está en éxtasis. Pero enfriemos un poco el texto y revisemos su contenido. La crítica requiere de bajas temperaturas. A la idea anterior de un mundo sin inicio ni fin, un mundo en constante transformación, Nietzsche agrega ahora algo más: la idea de un movimiento circular que conduce al retorno de lo mismo infinitamente. Ésta es una idea diferente de las anteriores y es una idea que no logro comprender, o bien, como lo planteaba antes, una idea con la que estoy en desacuerdo. De hecho, nunca podemos distinguir lo uno de lo otro.

El argumento de Nietzsche pareciera ser el siguiente: un mundo que existe en un tiempo infinito y que está restringido a un mismo espacio, sin expansión ni contracción; un mundo constituido para siempre por los mismos elementos es un mundo que se ve por necesidad obligado a repetir los mismos hechos en ciclos recurrentes. Ya no se trata de la recurrencia infinita del devenir a la que antes se aludía, sino de la recurrencia del propio mundo que deviene, que está en proceso de transformación permanente. Pues bien, nos cuesta aceptar esta conclusión.

Entregaremos sólo algunos argumentos críticos. El primero lo haremos desde los desarrollos registrados por la física y la astronomía contemporáneas. Hoy la física nos señala que el universo en el que habitamos tuvo un momento de origen, el momento del *big bang*, y desde entonces se encuentra en expansión. Ello no niega un mundo anterior al *big bang*, pero se trataría de un universo diferente. De la misma forma, sabemos que la tierra tiene sus años contados y que nuestro sistema solar está condenado a colapsar en cinco millones de años más. Es cierto también que ello no implica el colapso de todo el universo, pero lo que quedará en pie es una inmensa sección del universo de la que sabemos muy poco. Desde un punto de vista estrictamente científico, por lo tanto, es difícil postular la eternidad. Ello pareciera indicar que los supuestos de los arranca Nietzsche no se sostienen.

Nietzsche podrá argumentar que esto pude ser considerado como uno de los múltiples ciclos que afectan al mundo. Todo es posible. Pero con ello entramos en un pensar especulativo que no me parece muy interesante. Soy de la idea de que el desarrollo de las ciencias acota la reflexión filosófica y, tratándose de reflexiones muy diferentes, la científica y la filosófica, sin que una sustituya a la otra, la reflexión filosófica está necesariamente acotada por los desarrollos científicos y requiere pensar en el interior de ellos. De aceptar esta premisa, no estaríamos habilitados para una reflexión filosófica que contradice las mejores conclusiones que hoy nos entregan las ciencias.

Un segundo argumento crítico arranca de los desarrollos registrados a partir de la emergencia del enfoque sistémico. Me refiero a las premisas del enfoque sistémico que nos plantean el reconocimiento de dominios fenoménicos emergentes a partir de las dinámicas de relaciones que pueden establecer los mismos elementos básicos. Estos dominios emergentes son generados en el tiempo, en un tiempo que permite la creación de posibles nuevos dominios fenoménicos emergentes, produciendo con ello un incremento de la complejidad y de fenómenos caracterizados como «caóticos». Aunque estoy fuera de mi área de especialidad, intuyo sin embargo que desde este razonamiento puede también criticarse la noción de circularidad tal como nos la ofrece Nietzsche.

Sin embargo, a partir del propio enfoque sistémico, ha sido posible retomar la noción de Nietzsche del eterno retorno, aunque desde una perspectiva muy diferente de la que él mismo nos ofrece. Me refiero a la interpretación que nos ofrece Ilya Prigogine (1917-2003), Premio Nobel de Química (1977) y uno de los portavoces más destacados del enfoque sistémico, tal como éste se desarrolla en la segunda mitad del siglo veinte. Uno de los aportes importantes de Prigogine es su concepto de «estructuras disipativas».

Según Prigogine cuando estudiamos los fenómenos en su desarrollo temporal, podemos reconocer que el patrón de transformación que ellos siguen preserva una determinada arquitectura, una determinada geometría, que se repite una y otra vez, independientemente del contenido que se vehiculiza en cada episodio concreto de cambio. Se trata, de alguna manera, del reconocimiento de leyes formales del devenir que se reiteran con cada transformación.

Ya Hegel intentó, en su momento, mostrarnos algo equivalente al hablarnos de la estructura formal de la tesis, la antítesis y la síntesis. El enfoque sistémico vuelve a los fenómenos temporales buscando algo equivalente, pero a la vez algo muy diferente de lo que propusiera la dialéctica. Mientras ha terminado disolviéndose en el espacio etéreo de la reflexión filosófica, el enfoque sistémico logra encarnarse de manera efectiva en el desarrollo científico (como en su momento lo desearan tanto Hegel, como Marx y Engels) y en sus propuestas de explicación se nutre del desarrollo de las matemáticas.

Si hacemos a un lado el planteamiento original de Nietzsche y tomamos lo que nos propone Prigogine, al plantearnos la recurrencia de estructuras formales en el desenvolvimiento del devenir, abrimos un campo interesante de especulación filosófica que nos permite volver a la propia filosofía de Nietzsche. Tomemos entonces la hebra interpretativa que nos proporciona Prigogine y busquémosle un área de aplicación dentro de la concepción de Nietzsche que ya hemos expuesto.

Podría haber, sin duda, múltiples áreas de aplicación. Podemos, por ejemplo, sostener que en la concepción del devenir que nos propone Nietzsche, los seres humanos se verán confrontados con la necesidad de generar por sí mismos los contenidos de sentido que les serán necesarios para vivir. Sin embargo, estos contenidos de sentidos tendrán inevitablemente a «disiparse», generando nuevas crisis de sentido que, a su vez, en un ciclo de formal de eterno retorno, reiterarán crisis de sentido que encerrarán desafíos para la generación de nuevos sentidos, los que a su vez volverán a disiparse, repitiendo el mismo ciclo una y otra vez.

La resolución del problema del sentido de la vida que desde el nihilismo en adelante debe plantearse la humanidad no puede volver a aspirar, por lo tanto, a una resolución absoluta y permanente, como creía hacerlo la metafísica, en su ingenuidad o en su soberbia. La sombra del nihilismo volverá a acecharnos una y otra vez en el futuro.

Una variante de esta misma interpretación ha sido sugerida por Ernst Bloch (1885-1977). Su mirada, sin embargo, prefiere jugar con la interrelación dinámica que en el tiempo se produce entre los elementos apolíneos y dionisíacos, entre los intentos por construir históricamente el orden y el sustrato caótico y sombrío en lo que ello inevitablemente debe acontecer. Tarde o temprano el caos termina por disolver, diríamos incluso por devorar el orden construido, lo que convoca a la necesidad de generar nuevas modalidades de orden.

A diferencia de lo que nos sugiere Prigogine, estas últimas reflexiones nos sitúan en el terreno de la cultura. Pues bien, éste es un terreno en el que resulta muy difícil operar desde la interpretación literal que Nietzsche nos ofrece sobre el eterno retorno de lo mismo. Sin afirmar que la cultura tenga un carácter progresivo ascendente, no es menos cierto que es propio de los fenómenos culturales su carácter acumulativo. Tomemos tan sólo uno de los elementos la de cultura: el lenguaje. Con los mismos elementos, con los mismos sonidos, con las mismas letras, el lenguaje logra generar infinitas combinaciones interpretativas, y no sólo eso: el lenguaje también se despliega en el tiempo para extender sus propios desarrollos a partir de aquellos generados previamente. En el interior de la historia de la humanidad, por lo tanto, marcado por los desarrollos culturales, resulta muy difícil aceptar la teoría del eterno retorno de lo mismo.

Desde esta misma perspectiva ha habido otros intentos de conferirle sentido al planteamiento de Nietzsche colocando el énfasis en lo que podríamos definir como la estructura formal del devenir, más que en la idea de que cada suceso, como pareciera indicarlo Nietzsche, volverá a repetirse exactamente igual en ciclos recurrentes infinitos. Quisiera mencionar la concepción sobre el devenir histórico elaborada por Oswald Spengler (1880-1936), expuesta en su obra *La decadencia de Occidente*. Para Spengler el devenir histórico está marcado por estadios de auges de determinadas culturas y civilizaciones, los que estarán seguidos necesariamente por estadios de decadencia en un ciclo que se repetirá incesantemente. Todo lo que asciende necesariamente desciende, posibilitando nuevos ascensos que culminarán en su momento con sus caídas. En el prefacio a esa obra, Spengler nos advierte que su concepción de la historia le debe «todo» a Goethe y a Nietzsche. Spengler era experto en la filosofía de Heráclito y fue durante algunos años el administrador del Archivo Nietzsche.

Todo lo anterior nos conduce finalmente a un último argumento. Los seres humanos vivimos nuestra existencia desde la finitud del tiempo, tanto desde un punto de vista ontogénico (el tiempo de un individuo) como de uno filogénico (el tiempo evolutivo de la especie). La idea de un tiempo infinito, en ciclos circulares infinitos de retorno a lo mismo, si bien permite ser postulada, apunta a un fenómeno que se sitúa fuera del dominio de nuestra experiencia y, por lo tanto, se encuentra más allá de los umbrales de nuestra conciencia posible. La idea de Nietzsche sólo puede asumir el carácter de un atisbo fugaz, en el que no sólo nos cuesta profundizar, sino que termina siéndonos completamente inútil. Mi impresión es que desde ella poco o nada podemos construir y, más allá de considerarla como un instante altamente especulativo, nuestra propia existencia acaba por convocarnos a una concepción del tiempo muy diferente.

Hacia una estética de la vida

Anteriormente examinamos cómo Nietzsche despliega una mirada al alma humana inspirada en la política y, de manera particular, en el tipo de relación que en una comunidad se establece entre el Estado y la sociedad civil. Sin embargo, tal como sucediera con Sócrates, Nietzsche se sitúa en rigor en el dominio de la ética. La piedra angular de su concepción es la moral, la crítica de la moral tradicional y la invitación a reevaluar nuestros valores. Nos dice en *Ecce Homo*:

> La pregunta sobre el origen de los valores morales es para mí una pregunta de muy primer orden por cuanto es crucial para el futuro de la humanidad.

Su ética, lo hemos visto, es radicalmente diferente de la del socratismo. El objetivo de Nietzsche es mostrarnos cómo recuperar el sentido de vida que el nihilismo corroe, sin recurrir a la búsqueda de los antiguos ídolos, pues esta búsqueda está condenada de antemano al fracaso. Recuperar nuestra capacidad de regenerar sentido de vida implica, para Nietzsche, ser capaces de fijarnos un destino. Quien se fija un destino se ayuda a generar las fuerzas necesarias para su consecución. Disponer de un destino nos hace fuertes:

> [...] aquel que tiene un porqué para vivir se puede enfrentar a todos los cómos.

Ello nos permite aspirar al único tipo de inmortalidad relativa que a los seres humanos les está permitida: la que alcanzamos con nuestras obras. Sólo nuestras obras tienen alguna posibilidad de sobrevivir más allá de nuestra muerte. Ello implica un giro ético fundamental que sólo será posible en la medida que evaluamos críticamente nuestros valores tradicionales y avanzamos hacia aquellos nuevos valores que resulten concordantes con esta forma diferente de afirmar y de concebir la vida. En *La voluntad de poder*, nos dice:

> No más el goce en la certeza, sino en la incertidumbre; no más «causa y efecto», sino continua creatividad; no más voluntad de preservación, sino de poder; no más la humilde expresión «todo es meramente subjetivo», sino «es también nuestra obra». ¡Estemos orgullosos de ello!

Luego de que la humanidad descubriera que ha errado el camino, luego de habernos encontrado en un callejón sin salida, Nietzsche cree haber encontrado el camino perdido. En *El Anticristo*, proclama:

> Hemos descubierto la felicidad, conocemos el camino, hemos encontrado la salida que podrá conducirnos afuera de todos estos milenios de laberinto.

Fijarnos un destino implica arrebatarles a los dioses el poder que previamente les habíamos otorgado para definir nuestro futuro. Constatar que los dioses han emprendido el vuelo y no están allí para hacerse cargo de nosotros nos obliga ahora a tomar el futuro en nuestras manos y hacernos responsables de nuestra vida, más allá de las contingencias que debamos encarar. Éste es el desafío que asume el *übermensch*, este nuevo tipo de ser humano que las nuevas condiciones históricas demandan. El destino ha dejado de ser una fatalidad para convertirse en la posibilidad de realización de nuestros sueños.

Esa concepción no sólo se sitúa en el dominio de la ética, sino que también conlleva un marcado sentido estético. Algo de ello se insinuaba al constatar el papel del diseño en el desenvolvimiento de la vida y el lugar destacado que Nietzsche le confiere a la noción de obra. Nietzsche hace explícita esa dimensión estética de la vida. En *La voluntad de poder*, insiste:

> Debemos entender el fenómeno artístico básico que llamamos «vida».

Mucho antes, en sus notas tempranas, Nietzsche ya ha señalado:

> [...] el único criterio que para nosotros tiene valor es el criterio estético.
>
> [...] en cada instante requerimos del arte para poder vivir.
>
> Los individuos más grandes son las personas creativas.

El arte, para Nietzsche, es la más noble de todas las actividades humanas. De allí que la vida misma requiera ser considerada como nuestra más importante *obra de arte*. Nietzsche nos insiste que el arte es incluso más noble que la filosofía. Esta idea es expresada de muy diferentes maneras. En *La voluntad de poder*, vemos pronunciamientos como éstos:

> Estoy más de acuerdo con los artistas que con cualquier filósofo que ha existido hasta ahora: ellos no han perdido la fragancia de la vida, han amado las cosas de «este mundo» – han amado sus sentidos.
>
> [...] hay algo que es más fuerte que el pesimismo, «más divino» que la verdad: *el arte*.

En sus notas personales tempranas, esta misma idea ya nos era reiterada:

> El arte es más poderoso que el conocimiento porque *él* desea la vida, mientras que el conocimiento alcanza su objetivo final en la aniquilación.
>
> Nuestra salvación no reside en *conocer*, sino en *crear*.

El arte, para Nietzsche, expresa tanto el amor como el deleite por la vida. Aunque en él se represente o se honre un sentimiento trascendente, siempre está dirigido a la capacidad de disfrute de la obra y mantiene un vínculo directo con la capacidad de afirmación de la vida. Pero hay algo más: el arte es honesto. El arte no pretende suplantar este mundo por otro, en el arte no hay engaño. Aunque distorsione o corrija la realidad, el arte nunca pretende suplantarla. Dicho de otra forma, el arte es un engaño que se autorreconoce como engaño y, por lo tanto, no engaña. En las mismas notas tempranas, señala:

> El arte funciona a través del engaño – sin embargo, ¿un engaño que no engaña? ¿Una ilusión que es siempre reconocida como ilusión? Por lo tanto, el arte trata *la ilusión como ilusión*; por lo tanto, no desea engañar, *es verdadero*.
>
> El placer artístico es el mayor tipo de placer, por cuanto habla de la verdad en la forma de la mentira.

Desde esta perspectiva, Nietzsche busca instituir una nueva figura: la del filósofo-artista.

> La filosofía es una forma de invención artística.
>
> Puedo imaginar un tipo de *filósofo-artista* totalmente nuevo, que llena el espacio vacío con una *obra de arte* que posea valor estético.

> Mi tarea general: mostrar cómo la vida, la filosofía y el arte pueden tener una relación más profunda y cordial entre ellos, de manera que la filosofía no sea superficial y que la vida del filósofo no llegue a ser mendaz.

Con todo, nada suplanta la idea de *la vida como obra de arte*. Incluso en el caso del filósofo, su obra filosófica, según Nietzsche, será menos importante que la obra de su vida, dentro de la cual su obra filosófica se inserta.

> El producto del filósofo es su *vida* (lo que ocupa la posición más importante), *antes* de sus *obras*. Su vida es su obra de arte, y toda obra de arte primero se vuelca hacia el artista y luego hacia otros hombres.

La consigna que Nietzsche nos lega, en consecuencia, es hacer de nuestras vidas una obra de arte. Para ello es necesario desplegar todo nuestro potencial creativo y, por lo tanto, debemos hacernos partícipes, con nuestra capacidad de transformación de mundo y de nosotros mismos, del gran proceso del devenir. Éste es el gran privilegio que les está conferido a los seres humanos. Para hacerlo, sin embargo, es preciso activar en nosotros el espíritu de la inocencia y de la liviandad; por sobre todo, el despliegue de nuestra capacidad de juego. El elemento lúdico es un componente fundamental de la concepción de vida que nos ofrece Nietzsche.

En *Ecce Homo*, la última de sus obras formales, Nietzsche nos señala:

> No conozco otra manera para asociarnos con grandes tareas que *el juego*: como una señal de grandeza, ésta es una proposición esencial.

En *Más allá del bien y del mal*, Nietzsche había insistido en esta misma idea:

Madurez del adulto: significa haber reencontrado la seriedad que teníamos de niños al jugar.

Además del juego, un segundo elemento complementa su concepción estética de la vida. Se trata de la importancia que Nietzsche le confiere a la danza, otra modalidad de la liviandad, de la inocencia, de la gratuidad y de la celebración de la vida. Recordemos que ya Nietzsche nos había advertido que sólo podía creer en un dios que supiera danzar, en una evocación que de inmediato nos trae la imagen de Dionisos.

El juego y la danza se oponen al espíritu de la gravedad que hemos arrastrado de por siglos, sustentado en las nociones de pecado, de culpa y de arrepentimiento, heredadas de la tradición judeocristiana. La concepción de Nietzsche implica un retorno al espíritu griego anterior a la decadencia. Nietzsche invoca lo que llama «la inocencia del devenir» como modalidad de aceptación plena de la vida. Nietzsche nos convoca a despertar al *amor fati*, al amor al destino. Ello implica la apertura a la aceptación de todo lo acontecido, de todo lo que nos está aconteciendo y de todo lo que nos acontecerá. El juego y la danza expresan de manera inequívoca la afirmación de la vida, sustentada en la aceptación de la inocencia del devenir.

En sus notas recogidas en el texto *La filosofía en la época trágica de los griegos* , Nietzsche señala:

> [...] un devenir y un perecer, un construir y un destruir, sin justificación moral alguna, eternamente inocente, sólo se dan en este mundo en el juego del artista y del niño.

En esa cita intuimos una clara referencia a Heráclito, que, como lo vimos, utilizaba como imagen del devenir el juego de los niños en la playa, construyendo en la arena castillos que serían destruidos por las olas, para luego volver gozosos a construir otros nuevos, luego de que ellas se retiran, en un proceso que se repite eternamente. Ambos, el artista y el niño aludidos en esta referencia, son expresiones de esa inocencia del devenir a la que nos convoca la propuesta de Nietzsche.

Algunas consideraciones críticas

Nietzsche realiza una de las contribuciones filosóficas más importantes de los últimos siglos. Su aporte ha dejado una profunda huella en múltiples desarrollos culturales posteriores y su concepción es un referente ineludible de buena parte de las contribuciones que tienen lugar durante el siglo veinte, tanto dentro como fuera de la filosofía, ya sea que éstas acojan algunas de sus posiciones o las cuestionen. La filosofía del siglo veinte está preñada por la filosofía de Nietzsche.

Su influencia en la filosofía existencial es determinante, aunque suceda que, en algunos casos, como en Heidegger, se produzca en retroceso en relación a los planteamientos originales de Nietzsche, particularmente en lo que se refiere a su crítica a la metafísica. Heidegger nunca logra mantener una relación armónica con él y la filosofía de Nietzsche lo acecha y desquicia hasta sus últimos días, como él mismo lo reconoce en diversas oportunidades. El movimiento postmoderno posterior hace de Nietzsche su gran inspirador.

Pero también es posible reconocer una gran afinidad entre la filosofía de Nietzsche y la prioridad que la filosofía analítica le confiere al lenguaje, como, asimismo, la crítica que ésta dirige en contra de la metafísica. Es indudable que en muchos sentidos existe una gran complementariedad entre las posiciones de Nietzsche y los desarrollos propuestos posteriormente por Bertrand Russell. Sin embargo, esta gran afinidad resulta mucho mayor con muchos de los planteamientos que realiza Ludwig Wittgenstein, quien posee el mérito de haber inaugurado lo que es propiamente la filosofía del lenguaje.

La influencia de Nietzsche se hace sentir también en algunas de las corrientes más importantes del desarrollo de la psicología. He sostenido en el pasado que no es posible entender cabalmente a Freud sin reconocer en él la influencia de la filosofía de Nietzsche. Estoy convencido de que el conjunto de la corriente del psicoanálisis no es sino la extensión del pensamiento nietzscheano. Aunque hoy hay abundantes estudios que así lo atestiguan, ello sin embargo no ha sido adecuadamente reconocido. Ello se debe, en parte, al hecho de que Freud nunca reconoce esta influencia. No es, sin embargo, el caso de Carl Gustav Jung, para quien Nietzsche fue siempre reconocido como un referente de primer orden.

Se ha especulado que el rechazo de parte de Freud a reconocer la influencia de Nietzsche podría explicarse por su intento de situar su contribución en el dominio de la ciencia y de evitar que ésta fuese caracterizada como filosófica. Es una interpretación posible. Pero el hecho es que muchos de sus más cercanos colaboradores conocían y celebraban el importante aporte de Nietzsche, que el mismo Freud reconoce en sus cartas que compró las obras de Nietzsche y que sostuvo que no ha habido en la historia del pensamiento nadie con un poder de introspección tan profundo como el de Nietzsche, comentario que obviamente no podría haber hecho sin haber conocido su pensamiento.[33] Pero, por encima de todo, disponemos de la constancia de la estrecha relación entre sus respectivos abordajes conceptuales, al punto de que podemos sostener, por ejemplo, que la noción de inconsciente de Freud no es sino una reiteración y elaboración posterior basada en la noción de sombra presentada originalmente por Nietzsche.

A pesar de estas múltiples influencias, somos de la opinión de que el alcance real del pensamiento de Nietzsche sigue siendo elusivo y muchas de sus posiciones siguen siendo malinterpretadas. Por otro lado, tal como lo advertimos en un

[33] Sobre esto, ver Ronald Lehrer, *Nietzsche's Presence in Freud Life and Thought*, State University of New York State Press, Nueva York, 1995.

inicio, el propio pensamiento de Nietzsche, por su carácter no sistemático, permite interpretaciones muy diversas. La nuestra, lo reconocemos, es tan sólo una de las múltiples interpretaciones posibles. ¿Sostuvo realmente Nietzsche todo lo que le atribuimos? Creemos que sí. Sin embargo, no podemos descartar que algunas de las posiciones que le asignamos puedan estar afectadas por nuestra particular escucha frente a lo que él sostiene. El Nietzsche verdadero no existe. Sólo podemos acceder a él a través de nuestras interpretaciones.

*****

En mi caso personal, como lo señalé al comienzo de este libro, Nietzsche representa la influencia más importante y determinante en lo que pienso y sostengo. Nadie, insisto, nadie, ha tenido en mí la influencia que ejerce Nietzsche. Nadie siquiera se acerca a la manera en que mi pensamiento gravita en torno al de Nietzsche. Gran parte de lo que sostengo no son sino desarrollos que se inscriben en el gran camino que él nos abriera. Nietzsche marca un punto de inflexión, que no tiene comparación posible, en el conjunto de la historia del pensamiento filosófico. Su filosofía sienta un hito, un nuevo punto de partida. Es más: tal punto de partida define una línea de pensamiento que se proyecta en dirección opuesta a aquella que siguiera el conjunto del pensamiento filosófico tradicional en un ciclo que duró dos mil cuatrocientos años. Nada menos que eso es lo que está en juego en su filosofía.

¿Comparto, en consecuencia, todo cuanto Nietzsche sostiene? Mi respuesta no puede ser ambigua: no, no comparto todo lo que Nietzsche plantea. Y tan importante como el reconocimiento de su influencia me es también señalar algunas diferencias, algunas distancias, algunas discrepancias. De lo contrario, quienes me hayan leído y, muy particularmente, quienes hayan participado en las diversas prácticas que resultan de mi pensamiento, no lograrían entender mucho de lo que hago. Apreciar el genio de un particular filósofo no implica necesariamente compartir todo lo que él sostiene.

Mis críticas a Nietzsche se sitúan en tres dominios diferentes, aunque relacionados: la moral, la religión y la política. En parte, ellos surgen del carácter lapidario y en ocasiones hasta estridente de sus pronunciamientos; surgen del carácter profundamente demoledor de su filosofía. Nietzsche sabe que debe derribar fortalezas y no escatima esfuerzos para lograrlo. Para derrumbar la moralidad cristiana tradicional y convocar a una completa reevaluación de nuestros valores, Nietzsche se autoproclama un *inmoralista*. Con ello privilegia el momento de la destrucción del momento de la creación.

Más allá de afirmar el valor de la vida, de esta vida, y de reivindicar la importancia del reencuentro con nuestras dimensiones sombrías y muchas veces tenebrosas; más allá de conminarnos al cultivo de nuestra alma, a superarnos y a activar nuestra voluntad de poder; más allá de reivindicar una moral aristocrática que se distingue de la moralidad de las masas, todas cuestiones que valoro, Nietzsche no profundiza en otros aspectos que permitan el desarrollo de una moral alternativa. Su defensa del individuo frente al rebaño pareciera no tener límites y, a mi modo de ver, no siempre percibe la posibilidad de habilitar condiciones para que aquellos que hoy están atrapados en las fuerzas contenedoras del rebaño puedan liberarse de ellas. A pesar de que Nietzsche era una persona de comportamiento social profundamente respetuoso y amable, el valor del respeto, que para mí resulta fundamental e intransable, no está presente de manera explícita en su filosofía. Por el contrario, tal respeto, tengo la impresión, es considerado a menudo como señal de debilidad. En ello discrepo profundamente con

Nietzsche. Yo asumo la defensa explícita del valor del respeto mutuo entre los individuos como uno de los ejes centrales de mi propia propuesta.

Sin olvidar que Nietzsche enfrenta una Iglesia decimonónica, propia de su época, su crítica al cristianismo y a la Iglesia hoy suena descomedida. Aunque mucho de lo que Nietzsche señala sigue teniendo valor, no es menos cierto que la Iglesia de hoy expresa transformaciones muy importantes en relación a lo que era hace ciento cincuenta años. Se ha producido lo que se ha llamado un proceso de *aggiornamiento* del cristianismo y de la Iglesia, y el propio devenir histórico, al que Nietzsche apunta, ha transformado, no a todos, pero sí a algunos sectores importantes en su interior.

Cada vez queda más atrás esa Iglesia acusada por Karl Marx de ser el opio del pueblo. Ello no niega la presencia de resabios importantes de tradiciones que encarnan todo cuanto Nietzsche critica. Pero la crítica que hoy quizás podamos dirigir a la Iglesia y al Cristianismo es de un carácter muy diferente a la que Nietzsche lanzara en su época. No podemos dejar de reconocer, por ejemplo, que, en importantes encrucijadas históricas, a esa Iglesia, tan duramente criticada por Nietzsche, le ha cabido el rol positivo de operar como reserva moral de la comunidad, frente a brotes de salvaje barbarismo, que comprometen lo que consideramos las condiciones básicas de una ética de la convivencia. Yo no puedo dejar de reconocer tales situaciones.

Por último, en la esfera de lo político-social, colindante muchas veces con la esfera de la ética social, también mantengo algunas discrepancias importantes con Nietzsche. Muchas veces vemos a Nietzsche enarbolando banderas en contra de la democracia, en contra de los «derechos humanos», en contra de los derechos de los pueblos, en contra incluso de la igualdad. Si nos preguntamos por el tipo de sistema político que sus pronunciamientos permiten perfilar, diríamos que Nietzsche cree en un sistema que quizás se acerca a una suerte de aristocracia feudal. Es efectivo que no está defendiendo castas, sino las capacidades individuales de superación. Pero con todo, su mirada a la política lo hace despreciar todo aquello a partir de lo cual se reivindican los derechos de los desposeídos, de los postergados, de los excluidos. Es cierto también que la noción de aristocracia que Nietzsche muchas veces nos plantea es la de una aristocracia de espíritu. Pero ello no es siempre así. Muchas veces tenemos la impresión de que se siente cómodo con múltiples otras formas de aristocracia. Pocas cosas parecieran crearle más repulsión que la invocación del principio de la igualdad. En *El crepúsculo de los ídolos*, Nietzsche exclama:

> *¡La doctrina de la igualdad!* Pero si no existe veneno más venenoso que ése [...].

En sus apuntes personales tardíos, vemos a Nietzsche expresarse con cierto desprecio frente a un conjunto de importantes reivindicaciones que los seres humanos han levantado durante la historia. El que ellas hayan sido enarboladas como banderas de lucha pareciera ser suficiente para oponerse a ellas. Entre las que Nietzsche menciona las hay de muy diverso orden. Veamos:

> El cristianismo, la revolución, la abolición de la esclavitud, la igualdad de derechos, el amor a la paz, la justicia, la verdad: todas estas grandes palabras sólo tienen valor en una lucha, como banderas, *no* como realidades, sino como palabras ampulosas para algo completamente diferente de lo que expresan (en rigor, para lo opuesto).

En un plano similar, Nietzsche se presenta muchas veces como un defensor del uso de la fuerza. En su camino hacia su superación, el *übermensch* pareciera tener permitido cualquier medio para lograrlo. En relación a este punto, Nietzsche pareciera confundir dos planos: por un lado, el reconocimiento de que históricamente ello ha sido habitual y que una vez que los conquistadores alcanzan sus objetivos, han buscado a posteriori legitimar sus medios; por otro lado, el hecho de que, habiendo sido así, no es menos cierto que la historia de la humanidad ha procurado avanzar hacia una ética de la convivencia, la que busca establecer modalidades de convivencia basadas en principios éticos consensuados y someter su desarrollo a ellos.

Éste es, en consecuencia, un punto en el que también discrepo con Nietzsche. Por mi parte, afirmo de manera irrestricta el valor de la democracia como modalidad de convivencia política y el valor de la equidad social. Por equidad social entiendo las condiciones que provee un sistema social para permitir al conjunto de sus miembros el camino de la superación individual, el camino que le permita a cada uno distinguirse del resto y acometer sus propios avances hacia la autosuperación. Afirmo, con Nietzsche, la importancia de buscar la propia distinción y la necesidad de preservar el valor de la contienda, el sentido agonal de la vida, como aconteciera en su momento, en el mundo griego. Pero esta opción no puede estar restringida desde un inicio a un pequeño grupo de privilegiados y quedar excluida para los sectores mayoritarios de la población. Éste es un camino que, hoy en día en la historia, requiere estar habilitado para todos. No me hago la ilusión de que todos o la gran mayoría opten por el camino de la autosuperación, de la transformación del mundo y del cultivo de sí mismos. Serán tan sólo algunos los que lo sigan. Pero espero que ellos sean cada vez más numerosos y que nadie quede excluido de antemano de la posibilidad de hacerlo. De lo contrario, sólo crearemos condiciones para que se genere resentimiento y, con ello, termine por comprometerse la posibilidad misma de que incluso unos pocos opten por el concepto de vida que nos plantea el propio Nietzsche.

Bibliografía

1. Bibliografía de Nietzsche

NIETZSCHE, Friedrich. *The Pre-Platonic Philosophers*. Urbana: University of Illinois Press, 2001.

—. *Philosophy in the Tragic Age of the Greeks*. Washington D.C.: Gateway Editions, 1962.

—. *On the Advantage and Disadvantage of History for Life*. Indianapolis: Hackett Publishing Co., 1980.

—. *On the Geneology of Morals / Ecce Homo*. Walter Kaufmann (ed.). New York: Vintage Books, 1969.

—. *La genealogía de la moral*. Madrid: Alianza Editorial, 1972.

—. *Beyond Good and Evil*. Walter Kaufmann (trad.). New York: Vintage Books, 1989.

—. *Twilight of the Idols / The Anti-Christ*. R.J. Hollingdale (trad.). Harmondworth: Penguin Books, 1968.

—. *The Birth of Tragedy / The Case of Warner*. Walter Kaufmann (trad.). New York: Vintage Books, 1967.

—. *Thus Spoke Zarathustra*. New York: The Modern Library, s/d.

—. *Así habló Zaratustra*. Barcelona: Editorial Mateu, 1966.

—. *Ansi Parlait Zarathoustra*. Paris: Societé du Mercure de France, 1903.

—. *The Gay Science/ with a Prelude in Rhymes and an Appendix of Songs*. Walter Kaufmann (trad.). New York: Vintage Books, 1974.

—. *The Gay Science*. Bernard Williams (ed.). Cambridge: Cambridge University Press, 2001.

—. *Human, All Too Human*. Lincoln: University of Nebraska Press, 1984.

—. *Unmodern Observations*. William Arrowsmith (ed.). New Haven: Yale University Press, 1990.

—. *The Will to Power*. Walter Kaufmann (ed.). New York: Vintage Books, 1967.

—. *Obras inmortales*. 4 volúmenes. Barcelona: Edicomunicación, 2000.

—. *My Sister and I*. Los Angeles: Amok Books, 1990.

—. *A Nietzsche Reader*. R. J. Hollingdale (trad.). Harmondsworth: Penguin Books, 1977.
—. *Philosophy and Truth: Selections from Nietzsche's Notebooks of the Early 1870's*. Atlantic Highlands, N.J.: Humanities Press International, 1979.
—. *Writings from the Late Notebooks*. Cambridge: Cambridge University Press, 2003.
—. *Selected Letters of Friedrich Nietzsche*. Chicago: The University of Chicago Press, 1969.
—. *Correspondencia*. Madrid: Aguilar, 1951.
—. *Unpublished Letters*. New York: Philosophical Library, 1959.
—. *Aforismos*. Barcelona: Edhasa, 1994.
—. *Cinco prólogos para cinco libros no escritos*. Madrid: Arena Libros, 1999.
—. *Escritos sobre retórica*. Madrid: Trotta, 2000.
—. *Inventario*. Savater, Fernando (ed.). Madrid: Taurus, 1973.
—. *El libro del filósofo*. Madrid: Taurus, 2000.

2. Bibliografía sobre Nietzsche

Allison, David B. (Ed.). *The New Nietzsche: Contemporary Styles of Interpretation*. New York: A Delta Book, 1977.
Andreas-Salomé, Lou. *Friedrich Nietzsche en sus obras*. Barcelona: Editorial Minúscula, 2005.
Bataille, Georges. *On Nietzsche*. New York: Paragon House, 1992.
Behlier, Ernst. *Confrontations: Derrida, Heidegger, Nietzsche*. Stanford: Stanford University Press, 1991.
Berkowitz, Peter. *Nietzsche: The Ethics of an Inmoralist*. Cambridge, Mass.: Harvard University Press, 1995.
Bloch, Ernst. *The Spirit of Utopia*. Stanford: Stanford University Press, 2000.
Brandes, George. *Friedrich Nietzsche: Un ensayo sobre el radicalism aristocrático*. México: Sexto Piso, 2004.
Brinton, Crane. *Nietzsche*. New York: Harper Torchbooks, 1941.
Chamberlain, Lesley. *Nietzsche in Turin*. New York: Picador, 1998.
Clark, Maudemarie. *Nietzsche: On Truth and Philosophy*. Cambridge:

Cambridge University Press, 1990.
COLLI, Giorgio. *Después de Nietzsche*. Barcelona: Anagrama, 1978.
DELEUZE, Gilles. *Nietzsche and Philosophy*. New York: Columbia University Press, 1986.
DE LUBAC, Henri. *The Drama of Atheist Humanism*. San Francisco: Ignatius Press, 1995
ECHEVERRÍA, Rafael. *Por la senda del pensar ontológico*. Santiago: J. C. Sáez Editor, 2007.
—. *El observador y su mundo*. Santiago: J. C. Sáez Editor, 2008.
FINK, Eugen. *La filosofía de Nietzsche*. Madrid: Alianza Universitaria, 1976.
GILMAN, Sander L. y PARENT, David J. *Conversations with Nietzsche: A Life in the Words of His Contemporaries*. New York: Oxford University Press, 1987.
GILMAN, Sander L., BLAIR, Carole y PARENT, David J. *Friedrich Nietzsche on Rhetoric and Language*. Oxford: Oxford University Press, 1989.
GRANIER, Jean. *Nietzsche*. México: Colección ¿Qué sé?, Publicaciones Cruz, 1989.
HEIDEGGER, Martin. *Nietzsche*. Volúmenes 1-4. New York: Harper & Row, 1979, 1984, 1987, 1982.
HELLER, Erich. *The Importance of Nietzsche: Ten Essays*. Chicago: The University of Chicago Press, 1988.
HOWEY, Richard Lowell. *Heidegger and Jaspers on Nietzsche: A Critical Examination of Heidegger ans Jaspers' Interpretation of Nietzsche*. La Haya: Martinus Nijhoff, 1973.
JARA, José. *Nietzsche, pensador póstumo*. Barcelona: Anthropos, 1998.
JANZ, Curt Paul. *Friedrich Nietzsche*. Volúmenes 1-4. Madrid: Alianza Universitaria, 1985.
JASPERS, Karl. *Nietzsche & Christianity*. Chicago: Henry Regnery Co., 1963.
—. *Nietzsche*. Tucson: The University of Arizona Press, 1965.
KAUFMANN, Walter. *Nietzsche: Philosopher, Psychologist, Antichrist*. Princeton, New Jersey: Princeton University Press, 1968.
KOFMAN, Sarah. *Nietzsche and Metaphor*. Stanford: Stanford University Press, 1993.
KOHLER, Joachim. *Zarathustras's Secret*. New Haven: Yale University Press, 2002.
LAMPERT, Laurence. *Nietzsche's Teaching: An Interpretation of Thus Spoke Zarathustra*. New Haven: Yale University Press, 1986.

Lea, F.A. *The Tragic Philosopher: Friedrich Nietzsche*. London: The Athlone Press, 1957.

Ledure, Yves. *Lectures « chrétiennes » de Nietzsche*. Paris: Les éditions du cerf, 1984.

Lehrer, Ronald. *Nietzsche's Presence in Freud's Life and Thought: On The Origins of a Psychology of Dynamic Unconcious Mental Functioning*. Albany: State of New York State Press, 1995.

Martínez Estrada, Ezequiel. *Nietzsche, filósofo dionisíaco*. Buenos Aires: Colección Numancia, 2005.

Miranda de Almeida, Rogério. *Nietzsche and Paradox*. New York: State University of New York Press, 2006.

Murphy, Tim. *Nietzsche, Metaphor, Religion*. New York: State University of New York Press, 2001.

Nehamas, Alexander. *Nietzsche: Life as Literature*. Cambridge, Mass.: Harvard University Press, 1985.

Parkes, Graham. *Composing the Soul: Reaches on Nietzsche's Psychology*. Chicago: The University of Chicago Press, 1994.

Pasley, Malcolm (Ed.). *Nietzsche: Imagery and Thought*. Berkeley: University of California Press, 1978.

Picó Sentelles, David. *Filosofía de la escucha: el concepto de música en el pensamiento de Friedrich Nietzsche*. Barcelon: Crítica, 2005.

Prigogine, Ilya y Stengers, Isabelle. «Naturaleza y creatividad». En: Prigogine, Ilya. *¿Tan solo una ilusión?: Una exploración del caos al orden*. Barcelona: Tusquets, 1983, pp. 67-98.

Ríos, Rubén H. *Friedrich Nietzsche y la vigencia del nihilismo*, Madrid: Campo de ideas, 2004.

Rosen, Stanley. *The Mask of Enlightment: Nietzsche's Zarathustra*. Cambridge: Cambridge University Press, 1995.

Ross, Werner. *Friedrich Nietzsche: El águila angustiada. Una biografía*. Barcelona: Ediciones Paidós, 1994.

Safranski, Rüdiger. *Nietzsche: A Philosophical Biography*. New York: W.W. Norton & Co., 2002.

Santiago, Gustav. *Intensidades filosóficas: Sócrates, Epicuro, Spinoza, Nietzsche, Deleuze*. Buenos Aires: Paidós, 2008.

SAVATER, Fernando. *Idea de Nietzsche.* Barcelona: Ariel, 1995.
SCHACHT, Richard. *Nietzsche.* New York: Routledge, 1983.
SCHAJOWICZ, Ludwig. *Los nuevos sofistas.* Río Piedras: Editorial Universitaria, Universidad de Puerto Rico, 1979.
SCHRIFT, Alan D. *Nietzsche and the Question of Interpretation: Between Hermeneutics and Deconstruction.* New York: Routledge, 1990.
SHAPIRO, Gary. *Archeology of Vision: Foucault and Nietzsche on Seeing and Saying.* Chicago: The University of Chicago Press, 2003.
—. *Nietzschean Narratives.* Bloomington: Indiana University Press, 1989.
SMITH, Gregory Bruce. *Nietzsche, Heidegger and the Transition to Postmodernity. Chicago:* The University of Chicago Press, 1996.
SOLOMON, Robert y HIGGINS, Kathleen. *The Will to Power: The Philosophy of Friedrich Nietzsche.* Chantilly, Virginia: The Teaching Company, 1999.
—. *What Nietzsche Really Said.* New York: Schoken Books, 2000.
STEINHARDT, Eric. *On Nietzsche.* Belmont, Ca.: Wadsworth, 2000.
STRONG, Tracy B. *Friedrich Nietzsche and the Politics of Transformation.* Berkeley: California University Press, 1988.
TANNER, Michael. *Nietzsche: A Very Short Introduction.* Oxford: Oxford University Press, 1994.
THIELE, Leslie Paul. *Friedrich Nietzsche and the Polotics of the Soul: A Study of Heroic Individualism.* Princeton, New Jersey: Princeton University Press, 1990.
VALÉ, Paul. *Quatre letters de Paul Valéry au sujet de Nietzsche.* Paris: Cahiers de la quinzaine, 1927.
VATTIMO, Gianni. *Introducción a Nietzsche.* Barcelona: Península, 2001.
—. «Nietzsche, el superhombre y el espíritu de la vanguardia». *Pensamiento de los Confines.* Número 9/10 (2001), pp. 172-180.
VOLPI, Franco. *El nihilismo.* Madrid: Siruela, 2008.
WARREN, Mark. *Nietzsche and Political Thought.* Cambridge, Mass.: The MIT Press, 1988.
WHITE, Alan. *Within Nietzsche's Labyrinth.* New York: Routledge, 1990.
YALOM, Irving D. *El día que Nietzsche lloró.* Bs. Aires: Emecé Editores, 2000.

www.ingramcontent.com/pod-product-compliance
Lightning Source LLC
LaVergne TN
LVHW091155150826
845672LV00005B/1162
9789878935560